저는 학교교육이 잘 작동하는가의 척도를 '학생자치의 실현'에 둡니다. 민주적 학교문화 속에서 학교의 주인이 되는 경험을 시작으로 민주시민으로 성장할 수 있다고 믿기 때문입니다. 교육기본법 제2조에서 교육은 모든 국민으로 하여금 인격을 도야하고 자주적생활능력과 민주시민으로서 필요한 자질을 갖추게 함으로써 인간다운 삶을 영위하게 하고 민주국가의 발전과 인류공영의 이상을 실현하는 데에 이바지하게 함을 목적으로 한다고 밝히고 있습니다. 따라서 학교교육의 핵심은 학생자치가 되어야 하고, 학생자치를 통해 민주시민의 자질을 길러주는 것은 교사의 진정한 책무라 할 수 있습니다.

저는 영근 샘이 군포양정초에서 실천한 자치 이야기를 담은 책인《초등자치》를 읽고 교감으로서 학생자치를 구현해볼 용기를 얻었고, 3년째 학생자치 담당으로 아이들과 함께하고 있습니다. 학생들에게 무엇이 하고 싶은지 물을 수 있게 되었고, 할 수 있는 것을 하게 하는 조력의 역할도《초등자치》를 통해 배워 실천하고 있습니다. 지난해부터 코로나로 인해 학생자치가 많이 위축되어 안타까움을 금할 수 없었습니다. 다행히 민주시민의 자질을 배양할 수 있는 기회를 놓치고 있는 초등학생들의 자치에 다시 생기를 불어넣을 수 있는 좋은 책이 나왔습니다. 옆에서 조곤조곤 설명해주는 듯한 문장 속에는 현장에서 고군분투하며 얻은 노하우를 공유하고자 하는 간절함이 느껴집니다. 영훈 샘, 진원 샘, 민영 샘, 영근 샘의 목소리는 학생을 주인으로 세우는 일, 학생을 민주시민으로 기르는 일에 힘찬 동력으로 작동할 듯합니다. '어떻게 학생들을 학교의 주인으로 세울 것인가? 그 과정에서 교사는 무엇을 해야 하는가?'를 고민하는 교사들이 얼른 펼쳐 보기를 바랍니다. 학생자치의 과정을 쉽고 재미있게 알려줄 것입니다.

_박순걸(《학교 내부자들》저자, 경남 밀양밀주초등학교 교감)

초등학교에서 학생자치는 꺼리는 업무입니다. 마음을 써야 할 일이 많아서 반을 하나 더 맡은 것 같다는 말씀도 합니다. 필요한 일이고, 누군가는 꼭 해야 할 일인데 선뜻 앞장서 해보겠다고 말하기 어렵습니다. 뜻을 가지고 해도 쉽지 않습니다. 무엇을, 어떻게 해야 할지 시작부터 막힙니다. 누군가 나를 이끌어주면 좋겠다는 마음이 듭니다. 교사로 20년을 살아온 저도 그렇습니다.

이런 고민이 통했을까요? 여기, 네 분의 선생님이 초등학교에서 '학생자치가 왜 필요한지, 학생회를 어떻게 운영하는지, 행정적으로 필요한 일은 무엇이며, 의미 있는 학생자치 공간을 꾸리기 위해 무엇이 필요한지'를 바로 옆에서 듣는 것처럼 알려주고 있습니다. 코로나로 학생자치가 많이 움츠러들었는데, 비대면으로 학생자치를 운영하는 모습이 정말 인상 깊습니다.

자치는 스스로를 다스리는 경험입니다. 자기 삶의 주인이 되는 것이지요. 우리는 제 삶에 주인인 사람을 '시민'이라고 부릅니다. 초등학교에서부터 스스로 결정하고, 함께 책임지는 경험은 그 어떤 것보다 값진 일입니다. 학생들의 뜻을 살리고, 너와 내가 함께 즐거운 우리 학교를 만들고자 하는 선생님들에게 이 책을 권합니다. 이 책을 시작으로 더 많은 학생자치 사례와 이야기들이 꽃을 피우기를 기대합니다.

_**권재우**(조현초등학교 교사, 학교자치연구소·스쿨퍼실리테이션 대표일꾼)

여러 해 학생자치 업무를 맡아온 내게도 학생자치의 힘이 무엇인지, 채워야 할 것, 비워야 할 것에 대해 질문을 던지게 하는 책이다. 혼자 고민하던 문제를 여럿이 함께 나누고 경험을 바탕으로 풀어갔기에 더 귀하다. 학생 참여 예산제, 코로나 상황 비대면 활동 등 최근 학생자치 관련 주요 내용도 다루고 있어서 따끈따끈하다.

처음 맡아서 힘겨워하는 선생님들께는 길잡이가 되어주고, 오랫동안 해온 선생님들께는 더 단단한 힘을 줄 거라 생각한다. 이 책이 끝이 아닌 물결의 시작이 되어 학생자치가 전국 곳곳에서 각자의 빛깔로 물결치고, 그 물결이 또 다른 연결로 이어지길 바란다.

_**최정현**(《월화수목금토론》공저자, 덕장초등학교 학생자치부장)

학생자치는 민주주의의 씨앗입니다. 초등자치를 통해 우리 아이들에게 소중한 첫 경험을 줄 수 있겠지요. 공간을 꾸리고, 첫 만남을 갖고 회의를 하면서 1년의 삶을 꿈꿔봅니다. 큰 학교와 작은 학교가 각각에 맞게 활동을 꾸리고 온·오프라인에서도 행복한 학교를 꿈꿉니다.

이런 모든 것을 알 수 있는 책의 내용도 좋지만, 책의 느낌이 전 더 좋아요. 옆 반 선생님이 '자, 이렇게 같이 해볼까요?'라고 조곤조곤 이야기해주는 듯합니다. 옆 학교 이야기를 잘 정리해서 알려주어 고맙습니다.

_한승모(《음악놀이터》 저자, 홍천 남산초등학교 학생자치 교사)

초등교육의 목표는 학생의 앎과 삶의 기초를 만들어 민주시민으로서 살아가는 토대를 만드는 데 있습니다. 초등학교에서 학생자치는 학생들이 민주시민으로 성장하는 데 자연스러운 경험을 하게 해줍니다. 학교의 주인은 학생입니다. 그리고 학생이 수업의 중심에 있어야 합니다. 학생자치가 학생의 앎과 삶이며 수업이라 할 수 있습니다. 많은 초등 교사들이 본 책을 통해 학생들이 주인이 되는 학생자치 경험을 제공해주길 기대해봅니다.

_박희진(순천율산초등학교 교사, 전남학습자중심연구회 회장)

서로 다른 학교에 근무하지만 밴드와 온라인을 통해 학생자치를 서로 고민하고 공부하며 함께 글을 쓰며 성장해가는 네 분 선생님의 이야기입니다. 학생자치는 특별한 프로그램이 아니라 학생들이 스스로 규칙을 만들고 서로의 생각과 경험을 나누며 토론하고 민주적으로 의사를 결정하는 문화를 만드는 것이 중요하지요. 학생자치를 고민하고 힘들어하는 선생님들에게 친절한 길잡이이자 나침반이 되어줄 것입니다.

_서남원(곡성교육지원청 혁신담당 장학사)

학생자치를 할 때 현실적으로 필요한 것이나 해야 할 것, 그리고 그 이유를 알 수 있어서 실제로 학생자치활동을 하는 사람들이나 할 사람들이 갈피를 잡는 데에 도움이 될 것 같습니다.

_송지석(발안중학교 학생, 전 노진초등학교 전교학생자치회 회장)

우리 학교는 제가 4학년 때부터 학생자치회가 생기기 시작했습니다. 처음에 들어갔을 때는 언니 오빠들을 따라서 행사를 기획했습니다. 우리 학교의 주요 행사인 라온제를 함께 기획하고 실행에도 옮기는 일을 했습니다. 하다 보니 점점 계획을 짜는 실력도 늘고, 무엇보다 학생들이 참여하는 행사에서 학생들이 좋아하고 하고 싶은 것들을 한다는 점이 가장 인상 깊었습니다. 전교부회장을 했을 때는 전교회장을 따라 학생회 임원들과 회의를 하며 어떤 행사를 해야 학생들이 더 좋은 반응을 보일지 고민했습니다. 행사 후에는 학생들이 가장 좋아하는 것이 뭔지 확인하기 위해 투표도 진행했습니다. 또 주기를 정해 회의를 하고, 행사를 기획하는 것뿐만 아니라 학생들이 학교에 바라는 점 또는 했으면 하는 행사 등을 적어낼 수 있는 익명 건의함을 만들었습니다. 덕분에 학생들의 의견을 더 손쉽게 들을 수 있었고, 잘 마주치지 못하는 학년의 이야기도 들을 수 있었습니다. 전교생이 다 모여 친해질 수도 있고 학교의 문제에 대하여 토론한 다모임 시간이 기억에 남습니다. 학생들이 하고 싶은 말을 적은 종이컵으로 트리를 만들어 학생회가 기획한 크리스마스 행사에 전시했던 것도 생각납니다. 이처럼 학생들의 의견을 수렴해 수많은 행사들을 기획하며 생각하는 능력, 다른 사람의 의견을 듣고 토론하는 능력 등을 얻게 되어 저에게 많은 도움이 됐던 것 같습니다. 후배들도 학생회에 들어가 행사를 진행하고 문제점을 해결해보기를 추천합니다.

_박지은(장안여자중학교 학생, 전 노진초등학교 전교학생자치회 회장)

루소는 '교육의 목적은 기계를 만드는 것이 아니라, 인간을 만드는 데 있다'고 했습니다. 그렇다면 학교에서 기계가 아닌 올바른 인간을 만들기 위한 출발은 무엇이 되어야 할까요? 그것은 바로 학생자치입니다. 학생자치는 학생 스스로 주도하여 결정하고, 실천하며 책임 있는 민주시민으로 성장할 수 있도록 하는 살아 있는 교육입니다. 이 책은 현장감 있는 학생자치 지도사례를 중심으로 쓰여 교육 현장에서 학생자치회를 활성화하는 데 좋은 길잡이가 될 것입니다. 교육 현장에서 학생자치에 대한 중요성을 인지하고 연구와 실천을 통해 이렇게 책으로 펴낸 '초등자치' 밴드 운영진 선생님들께 감사와 존경의 박수를 보내며, 이 책을 읽고 학생자치를 위해 노력하는 현장의 모든 선생님을 응원합니다.

_차병옥(청솔초등학교 학생자치회 지도교감)

학생자치실을 가고 싶고 머물고 싶은 공간으로 꾸미던 선생님의 열정이 눈에 선합니다. 아이들은 그곳에서 학급대표나 전교임원으로서의 자부심보다 어떻게 하면 즐거운 학교를 만들까 머리를 맞댔고, 하나하나 열매를 맺어가며 성취감 속에서 배려심으로 성장했습니다. 건강한 민주시민으로, 미래의 리더로 자라도록 아낌없이 후원하신 선생님 덕분에 학부모들은 자녀가 학생자치에 적극 참여하기를 열망하기에 이르렀습니다. 이제 그간의 결실을 모아 책으로 펴냄으로써 같은 길을 도모하는 모든 선생님께 큰 도움이 되기를 기대합니다.

_전난영(청솔초등학교 학부모회 담당교사)

초등자치, 이렇게 해요!

초등자치, 이렇게 해요!

초판 1쇄 발행   2021년 9월 20일
초판 2쇄 발행   2022년 11월 25일

지은이 김영훈·김진원·송민영·이영근

발행인 김병주
COO 이기택 **뉴비즈팀** 백헌탁, 이문주, 백설
행복한연수원 이종균, 이보름 **에듀니티교육연구소** 조지연
경영지원 박란희 **편집부** 조정빈 **디자인** 정혜미

펴낸 곳 (주)에듀니티
도서문의 070-4342-6110
일원화 구입처 031-407-6368 (주)태양서적
등록 2009년 1월 6일 제300-2011-51호
주소 서울특별시 금천구 가산동 371-28 우림라이온스밸리 A동 1208호
출판 이메일 book@eduniety.net
홈페이지 www.eduniety.net
페이스북 www.facebook.com/eduniety
인스타그램 www.instagram.com/eduniety/
　　　　　　　www.instagram.com/eduniety_books/
포스트 post.naver.com/eduniety

ISBN 979-11-6425-094-3 (13370)
값은 뒤표지에 있습니다.

문의하기　　　　　투고안내

초등자치,
이렇게 해요!

ᕦᕤ에듀니티

우리 함께 손잡고 초등자치

"여러 빛깔 학교들의 더 많은 학생자치 사례를 바란다."

《초등자치》(에듀니티, 2018) 머리말로 쓴 글입니다. 이때가 2018년입니다. 《초등자치》는 학생자치회 임원선거와 회의 그 중에서도 행사를 많이 자세하게 소개한 책입니다. 이 책을 내며 가졌던 바람대로 그 뒤 학생자치를 담은 책이 여러 권 나왔습니다. 그럼에도 빛깔 있는 또 다른, 다양한 학생자치 사례, 이론까지 담은 책이 나오지 않아 아쉬웠습니다. '학생자치, 이 책을 보며 하면 돼요' 하고 말할 수 있는 책이 있길 바랐습니다. 이 책이 이런 구실을 조금이라도 할 수 있을 거라 생각합니다.

학생자치, 계속한 까닭은 '보람'입니다.

이 책을 함께 쓴 우리 네 사람은 모두 학생자치 경험이 여러 해입니다. 스스로 학생자치를 하겠다는 사람들입니다. 영근 샘도 군포양정초에서 다섯 해, 이어 둔대초에서 한 해까지 여섯 해 동안 학생자치를 했습니다. 그만큼 영근 샘에게 학생자치는 매력이 있었습니다.

학생자치를 맡기 전까지 영근 샘은 참사랑땀 반 담임으로 우리 교실에서 행복하게 살았습니다. 우리 교실에서 나름 잘 살지만 그 삶을 교실 밖, 학교 전체로 드러내기는 힘들었습니다. 우리 교실만 생각하는 속 좁은 구석과 함께 드러내는 게 나대는 것 같아 망설였습니다. 그러다가 학생자치업무를 맡았고, 참고할 것 하나 없는 학생자치였지만 학교 안에서 마음껏 펼치는 학생자치는 재미있고 즐거웠습니다.

학생자치회 임원들이 행사를 엽니다. 처음에는 영근 샘이 앞서고 학생들이 따랐지만 곧 학생들이 앞서고 영근 샘은 뒤에서 돕습니다. 학생자치회가 애써 준비하면 학교 학생들은 즐겁게 이어갑니다. 학교 관리자, 동료 선생님, 학부모님들도 학생자치회를 칭찬하며 도와줍니다. 교실에만 갇혔던 저는 아이들이 스스로 만들어가는 행복을 더 나눌 수 있어 좋았습니다. 보람 있었습니다.

학생자치, '모두'가 힘들어 합니다.

영근 샘이 누리던 보람과 즐거움도 저에게만 맞는 말이었습니다. 학생자치를 업무로 만나는 많은 선생님들은 무척 힘들어했습니다. 그러고 보니 영근 샘도 힘들지 않았던 것 아니었습니다. 몸으로 움직이기 좋아하니 학생들과 몸 부딪히고 땀 흘리며, 힘들지만 그 속에서 즐거움을

프롤로그

찾으려 했던 것입니다.

학교에서 학생자치를 맡은 선생님들은 많이 힘들어합니다. 교육청에서 내려오는 지침에는 학생자치회가 할 수 있는 많은 것을 내려 보냅니다. 학교에서는 그 많은 것을 다 하길 바랍니다. 아울러 학생 관련 여러 행사에 학생자치회가 동원되고 그 일도 학생자치회 담당교사 몫일 때가 많습니다. 적지 않은 예산을 써야 하고, 결과 보고할 것도 많습니다.

학생자치 업무는 누가 봐도 힘든 업무입니다. 이러니 학생자치 업무를 하려는 사람은 드뭅니다. 밀려서 하게 되는 업무가 되었습니다. 학교에 새로 전입해 오거나 가장 경력이 적은 선생님이 하는 업무가 되었습니다. 한 해 하고 다시 하지 않는, 학교에서 제일 꺼리는 업무가 되었습니다. 사실 다른 업무도 그렇겠지만 특히 학생자치는 이 일을 맡은 선생님이 계속하는 게 좋습니다. 학생자치회 학생들하고 관계가 끈끈하기 때문입니다.

초등자치, 고민을 '함께' 나눕니다.

학생자치를 처음 맡은 담당선생님은 난감할 때가 많습니다. 선거, 회의, 예산, 행사까지 무엇 하나 궁금하지 않은 게 없습니다. 선거만 해도 변수가 많아 규정에 맞는지, 학생자치회 구성과 형태도 많이 헷갈립니다. 예산을 어떻게 써야 할지도 궁금해합니다. 학교 안에서 해결하려 해도 학생자치를 꿰뚫고 있는 사람이 없습니다.

위와 같은 어려움을 풀기 위해 '초등자치' 밴드를 열었습니다. 밴드에는 학생자치 담당교사들이 고민을 이야기합니다. 고민을 먼저 풀어본 다른 선생님들은 아주 작은 것도 함께 나눠줍니다. 학생자치로 실천한 이야기를 글로 사진으로 때로는 영상으로 올려줍니다. 먼저 걸어간 경험은 더 없이 소중한 본보기입니다.

영근 샘은 학생자치를 하다가 학교에서 다른 업무를 맡았습니다. 온전히 '초등자치'에 힘 쏟을 수도 없고, 학생자치로 변하는 내용을 제대로 알지도 못합니다. 그래서 밴드 운영진을 꾸렸습니다. 밴드 운영진이 곧 이 책을 쓴 분들입니다. 모두가 학생자치가 좋아, 학생자치에 빠져 몇 해 동안 하고 있는 분들입니다. 이 분들은 자기 경험으로 많은 어려움을 쉽게 풀어냅니다. 다양한 사례를 공유하며 여러 선생님들에게 도움을 나눕니다. 학생자치에 힘을 가진 분들입니다.

"우리 학생자치 이야기를 함께 써봅시다."

《초등자치》에 쓴 바람처럼 다른 빛깔의 학생자치 책이 있어야겠다고 생각했습니다. 위 운영진이라면 이런 책을 쓸 수 있겠다는 믿음에 손을 내밀었습니다. 이론과 실천을 잘 갖춘 세 사람, 김영훈, 김진원, 송민영 선생님이 손을 잡아줬습니다. 선뜻 손을 잡아준 덕분에 오늘 이 책이 나올 수 있었습니다.

이 책은 '초등자치' 밴드에 고민을 올려준 분들의 고민에서 시작했습니다. '초등자치' 밴드에 사례를 올려준 분들의 실천을 참고한 이 책이 앞으로 학생자치를 위해 애쓸 분들에게 조금이라도 지침이 되길 바랍니다. 고맙습니다.

2021. 7. 29.

이영근

차례

1장

바로 옆에서 알려주는
학생자치, 넌 누구니?

　'자치'란 말을 그대로 풀이하면 '스스로를 다스리는 경험'입니다. 스스로 문제점과 그 해결방안을 탐색하여 현실을 조금씩 바꾸고 더 나은 미래를 설계하는 일입니다. '학생자치'란 '자치'의 주체가 학생이 되는 것이지요. 다시 말하면, 학생이 주도적으로 학교생활의 많은 부분을 설계하고 민주적인 절차에 의해 의견을 제시하며 실천해나가는 활동이라고 할 수 있습니다. 미래를 살아갈 우리 학생들이 민주시민으로서 자질을 기르고, 자신의 생활공간을 스스로 바꿔나간다는 점에서 학생자치는 큰 의미가 있습니다. 지금부터 학생자치에 대해 자세히 살펴보면서 우리가 어떤 모습으로 함께하면 좋을지 상상해보려 합니다.

학생자치, 이래서 해요!
학생자치회 활동을 하면 어떤 효과가 있나요?
　과거 학생자치는 구색을 갖추어 전교 임원선거를 하고, 학급임원선거를 통해 선출된 학급임원들이 부서를 하나씩 구성하여 전교어린이회에서 잘 짜인 대본에 따라 움직였습니다. 요즘 학생자치활동은 대표 선출과 생활 반성 그 이상의 의미를 지닙니다. 앞서도 정의했듯, 학생자치를 통해 학생이 가장 많은 시간을 보내는 학교를 변화시키는 모든 과정을 말하고 있습니다. 넓어진 의미의 학생자치활동을 통해, 담당선생님도, 학교도 새로운 변화의 장을 열게 됩니다. 그렇다면 학생자치회 활동의 주인공인 학생들은 자치활동을 통해 어떤 변화를 꿈꿀 수 있을까요?

우선 학생자치회 활동을 통해서 우리 학생들은 다양한 생각과 주장, 아이디어를 공유하는 가운데 다른 사람을 이해하고 공감하는 태도를 형성할 수 있습니다. 이 과정에서 타인을 배려하고 존중하는 성숙한 시민이 될 수 있습니다. 또한 권리와 의무에 대해 균형 잡힌 사고를 할 수 있게 됩니다. 학생들이 스스로 결정하는 과정을 통해 책임감을 기를 수 있으며, 민주적인 의사 결정의 기본 원리를 습득할 수 있습니다. 자신들의 문화에 맞게 자신들이 결정한 내용으로 학교의 작은 부분부터 달라지는 것을 목격한 학생들은 공동체 생활의 가치를 배우고, 자신의 의견을 반영하는 과정에서 자존감을 기를 수 있습니다.

학생이 주인의식을 가지고 자치문화를 바람직하게 잡아간다면, 계속해서 학교의 전통으로 만들고 영향력을 발휘할 수 있습니다. 이렇게 학생은 학교의 진정한 주인으로 자리 잡고 학교에 애착을 가질 수 있게 됩니다. 그런 학생이 참여하면 학교는 진정한 교육공간으로 한 발짝 더 돋움하는 것입니다.

법으로도 보장하는 학생자치

학생자치회를 꾸리고 운영하는 과정에서 담당교사는 '왜 하는 것일까? 군이 해야 할까?'라는 물음을 갖게 될 때가 있습니다. 그 물음의 답을 우리는 '법'에서 찾아보고자 합니다. 학생자치활동은 아래와 같이 여러 법률에 근거하고 있습니다.

학생자치와 참여의 권리

초중등교육법 제17조(학생자치회 활동)
학생의 자치활동은 권장·보호되며, 그 조직과 운영에 관한 기본적인 사항은 학칙으로 정한다.

청소년 기본법 제5조의 2항(청소년의 자치권 확대)
① 청소년은 사회의 정당한 구성원으로서 본인과 관련된 의사 결정에 참여할 권리를 가진다.

경기도 학생인권 조례 제17조(자치활동의 권리)
① 학생은 동아리, 학생회 및 학생자치 조직의 구성, 소집, 운영, 활동 등 자치적인 활동을 할 권리를 가진다. 〈개정 2019. 8. 6.〉

서울특별시 학생인권 조례 제18조(자치활동의 권리)
② 학교의 장 및 교직원은 학생자치조직의 구성과 소집 및 운영 등 학생자치회 활동의 자율과 독립을 보장하고 학생자치회 활동에 필요한 행·재정적 지원을 하도록 노력하여야 한다.
③ 학교의 장 및 교직원은 성적, 징계기록 등을 이유로 학생자치조직의 구성원 자격을 제한하여서는 아니 되며, 학생자치조직의 대표는 보통, 평등, 직접, 비밀 선거에 의해 선출되어야 한다.
④ 학생자치조직은 다음 각 호의 권리를 가진다.

> 1. 학생자치회 활동에 필요한 예산과 공간, 비품을 제공받을 권리
> 2. 학교 운영, 학교규칙 등에 대하어 의견을 개진할 권리
> 3. 학생자치조직이 주관하는 행사를 자유롭게 개최할 수 있는 권리

　학생들의 권리를 찾아주려는 노력으로부터 학생자치를 시작하면 학생들이 학생자치의 의미를 알고 제대로 참여하는 데 도움이 될 것입니다. 이러한 권리를 초중등교육법에서는 "학생의 자치활동은 권장, 보호되어야 한다."라고 명시하고 있습니다. 그러므로 학교에서 교육 활동을 운영할 때, 학생자치활동 시간과 여건이 확보되고 보호받아야 됩니다. 학생자치활동의 권장과 보호에 관한 이야기는 법률뿐만 아니라 학교의 학칙(생활인권규정)에도 반영하도록 규정하고 있습니다. 학생에게는 자치활동에 참여할 권리가 있으며, 학교는 학생들의 자치활동이 원활하게 이루어질 수 있도록 지원해야 합니다.

　서울특별시의 학생인권 조례 18조 4호를 살펴보면 "학생자치조직은 학생자치회 활동에 필요한 예산과 공간, 비품을 제공받을 권리가 있다."라고 나와 있습니다. 이를 근거로 학교에서는 예산, 공간, 비품 등을 확보하여 학생자치활동을 할 수 있는 환경을 조성해주어야 합니다. 환경이 조성되면 학생들이 하고 싶어하는 행사나 캠페인 등 다양한 활동이 가능해집니다.

　청소년기본법 제5조의 2항에서도 본인과 관련된 의사 결정에 참여할 권리가 있음을 분명하게 설명하고 있습니다. 이러한 근거들을 바탕으로 학교에서 구성원들이 함께 만든 학칙(학생생활인권규정) 일부를 살펴

보며 이야기해보겠습니다.

학생자치 참여의 권리

제19조【자치활동의 권리】
① 동아리와 학생자치회 등 학생의 자치적인 활동은 보장된다.
② 학생자치기구의 구성원은 본교 4-6학년으로 본교 학생이며, 소집과
   운영 등 활동에서 자율과 독립을 보장하고 성적 등을 이유로 구성원
   자격을 제한하지 않는다.
③ 교육과정 내 학급회의 시간을 확보하여 자치활동의 활성화를 위하
   여 노력한다.
④ (의사표현의 자유)
   1.학생은 자신에게 영향을 미치는 문제에 대하여 자유롭게 의사를
     표현할 수 있는 권리를 가진다.
                                        -A초등학교 학생인권규정

학생자치회 구성원은 학교 내 모든 학생이지만, 학교의 상황에 따라
자치기구(학생자치 운영위원회 또는 대의원회)를 운영하는 방식은 다를 수 있
습니다. 예를 들면, 12학급 이하의 작은 학교는 1학년부터 모두가 참여
하기도 하지만, 보통 20학급 이상의 규모가 있는 학교의 경우 3-4학년
부터 자치기구에 참여하게끔 합니다. 학교 자치기구를 운영하는 구성
원에 관한 규정은 교내 학생자치임원 선거 등에 영향을 미치기 때문에,
담당교사는 사전에 학교의 학칙(학교생활인권규정)을 잘 살펴보고 한해 살
이를 계획해야 합니다.

위의 A 학교 학칙을 보면 교육과정 내 학급회의 시간을 확보하여 자

치활동 활성화를 위해 노력하라는 규정이 있습니다. 또한 각 시도교육청의 학생자치회 활동 운영계획 또는 학교민주시민교육 기본계획에도 월 1회 학급자치 시간을 확보 권장을 명시하고 있습니다.(월 2회 이상 확보를 권장하는 지역도 있습니다. 각 지역별 계획을 확인하길 바랍니다.) 이를 통하여 절차적 민주주의를 배우고 실천할 수 있어야 하기 때문입니다.(시나 도교육청의 민주시민교육 기본계획이나 자치활동 운영계획을 참고하길 바랍니다.)

보통 학생자치 담당교사는 학교의 학급자치가 원활하게 이루어질 수 있도록 교과와 창의적 체험활동을 재구성하여 교육과정 내 학급자치 활동을 운영해야 함을 안내하고, 자치활동 시간에 사용할 회의 절차나 예시를 각 담임선생님에게 안내하고 공유합니다. 학생자치회 담당교사가 실제로 각 학급에 안내한 아래의 내용을 살펴보면 어떤 내용을 안내할지 참고할 수 있습니다.

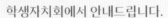

학생자치회에서 안내드립니다.
학생자치회 회의를 학급교육과정에 맞게 진행합니다.
학급에서 아래 학급회의 절차를 참고하셔서 다양한 형식으로 학급회의를 진행해주시길 부탁드립니다. 고맙습니다!

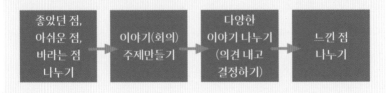

좋았던 점, 아쉬운 점, 바라는 점 나누기 → 이야기(회의) 주제만들기 → 다양한 이야기 나누기 (의견 내고 결정하기) → 느낀 점 나누기

학급(학년 반) 학생자치회 회의록

회의 날짜:

	좋았던 점	아쉬운 점	바라는 점
좋-아-바			
의제 선정			
토의 (이야기 나누기)			

　　학생자치 담당교사가 지역에서 제공하는 사례집이나 학급자치 길라잡이 등을 공유하여, 학급자치의 필요성과 시간을 확보하도록 담임교사의 협조를 부탁합니다. 이러한 결과를 회의록으로 작성할 수도 있고, 최근에는 간단하게 구글 문서나 패들렛 등을 활용하여 학급의 회의 결과 기록을 부탁할 수도 있습니다. 학급에서 나오는 이야기가 학교 전체의 이야기가 되려면 우선 학급자치가 활성화되어야 하므로, 학생자치 담당교사는 학급자치 활성화도 함께 고민해야 합니다. 학급 단위의 학생자치가 활성화되면, 학급의 이야기가 학교 전체의 이야기로 연결되어 결국 학생들이 학교의 주인이 되어 행복한 학교를 만들 수 있을 것입니다.

학생자치회가 할 일

　　최근 일부 지역에서는 학교자치 조례를 만들어 시행 중이며, 일부 지역은 기반을 조성하고 있습니다. 학교자치 조례에서는 학생, 학부모, 교사 3주체가 스스로 교육 활동에 열심히 참여할 수 있도록 법으로 보장하고 있습니다.

학교자치 조례에서는 학생자치회가 협의해야 할 사항을 명시하고 있습니다. 학생자치회는 자치활동 과정에서 학교 운영 예산편성을 제안할 수 있으며, 학생 동아리 개설과 지원 등을 협의합니다. 학생자치회 회의 결정 사항은 모든 학생과 공유되어야 합니다. 게시판이나 공지사항 등 학생들이 접근하기 쉬운 곳에 학생자치회 회의 협의 사항을 볼 수 있도록 안내할 근거가 여기에 있는 것입니다. 학생자치 운영 규정(회칙)이 있어야 하는 것도 학교자치 조례에서 확인할 수 있습니다.

학생자치회와 교장선생님 정담회, 꼭 해야 하나요?

이번에는 학생인권 조례에서 교장선생님과의 정담회의 근거를 살펴보겠습니다.

경기도 학생인권 조례 제17조(자치활동의 권리)
② 교장 등은 학생자치기구의 구성과 소집 및 운영 등 활동에서 자율과 독립을 보장하고 성적 등을 이유로 구성원 자격을 제한하여서는 아니 된다. 〈개정 2019. 8. 6.〉

경기도 학생인권 조례 제19조(정책결정에 참여할 권리)
① 학생은 학교 운영 및 교육청의 교육정책결정과정에 참여할 권리를 가진다.
③ 교장 등은 학생대표와의 면담 등을 통하여 정기적으로 의견을 청취하도록 노력하여야 한다. 〈개정 2019. 8. 6.〉
⑤ 교육감과 교장 등은 학생에게 영향을 미치는 사항을 결정할 때에는 학생의 참여를 보장하여야 한다. 〈개정 2019. 8. 6.〉

서울특별시 학생인권 조례 제19조(학칙 등 학교규정의 제·개정에 참여할 권리)
⑤ 학교의 장 및 학교운영위원회는 학교 규정 제·개정에 대한 심의 절차에 학생자치조직의 의견 제출권을 보장해야 하며 학생의 인권을 존중·보호·실현하는 방향으로 학칙 등 학교 규정을 제·개정하여야 한다.

　　최근 교장선생님과 학생자치회 정담회를 하는 학교가 부쩍 많아졌습니다. 교장선생님과 학생자치회 사이 대화 시간을 잡아야 하는 까닭은 위의 학생인권 조례에서 살펴볼 수 있습니다. 정담회 자리를 통해 교장선생님은 학생의 정책 제안 또는 학생자치회 운영에 있어 어려운 점, 우리 학교에 개선 또는 추가되어야 하는 점들을 듣고, 의견을 나눌 수 있어야 합니다. 학생들의 의견을 교장선생님과 나눌 수 있는 정담회는 정기적으로 진행하면 좋습니다. 보통 월별 교육활동계획을 협의할 때 정담회 하는 날을 정해두기도 합니다. 또는 계획을 올리지 않고 자연스럽게 진행하는 경우도 있습니다. 필요한 경우, 정담회 당일 이야기할 내용을 사전에 교장선생님과 의논하기도 합니다.

학생자치회가 학교운영위원회에 들어가야 하나요?

경기도 학생인권 조례 제19조(정책결정에 참여할 권리)
② 학생회 등 학생자치기구 및 학생들의 자발적 결사는 학생의 권리와 관련된 사항에 대한 의견을 밝힐 수 있는 권리를 가진다.
④ 학생대표는 학생에 영향을 미치는 사안에 관하여 학교운영위원회에 참석하여 발언할 수 있다.

학교는 학생들의 의견에 귀를 기울여야 합니다. 같은 맥락에서 전체 학생의 대표(학생자치회장)는 학교운영위원회에 참석하여 학생 관련 사항을 심의하는 데 참여하여 의견을 낼 수 있습니다. 회의 시작 또는 마무리에 아래와 같이 학생에게 영향을 미칠 수 있는 안건을 배치하여 학생대표가 해당 회의에 참여할 수 있도록 학교운영위원회에서 보장해야 합니다.

학교운영위원회 학생자치회 심의 안건(예)
-주제별체험학습(수학여행) 계획(안)
-학사일정, 수업일수, 수업시수, 교육과정 계획(안)
-졸업앨범 제작 계획(안)

모든 학생의 이야기를 담도록 해야 합니다.

모든 학생의 이야기를 들어야 한다는 취지에서 서울특별시 학생인권 조례에서는 다음과 같은 조항을 두었습니다.

서울특별시 학생인권 조례 제18조(자치활동의 권리)
⑤ 학생회는 학생 대표 기구로서 다음 각 호의 권리를 가진다.
  2. 학생총회, 대의원회의를 비롯한 각종 회의를 소집하고 개최할 수 있는 권리
  5. 학생에게 중대한 영향을 미치는 사항에 대한 학생회 의결 사항을 학교의 장 및 학교운영위원회에 전달하고 책임 있는 답변을 들을 권리
  7. 학생회를 담당할 교사를 추천할 권리
⑥ 학교의 장 및 교직원은 부당하게 학생자치활동을 금지·제한하여서는 아니 되며, 학생과 교직원의 안전 등을 위하여 일시적인 제한이 필요한 경우에는 제한 사유의 사전 통지, 소명기회의 보장, 학생자치조직의 의견 수렴 등 적법한 절차에 따라 이루어져야 한다.

서울특별시 학생인권 조례 제20조(정책결정에 참여할 권리)
① 학생은 학교의 운영 및 서울특별시교육청(이하 "교육청"이라 한다)의 교육정책결정과정에 참여할 권리를 가진다.
② 학생회 등 학생자치조직 및 학생들의 자발적 결사는 학생의 권리와 관련된 사항에 대하여 의견을 밝힐 수 있는 권리를 가진다.

서울특별시 학생인권 조례에서는 학교의 장과 교직원은 성적이나 징계기록 등을 이유로 학생자치조직의 구성원 자격을 제한하여서는 아니 된다고 나와 있습니다. 최근 학생임원 선거에서 징계기록 등으로 학생이 자치조직의 구성원을 제한할 수 있냐는 질문을 받기도 하는데, 경

기도에서는 징계에 의한 자격제한은 시효를 두되(예: 선도처분 후 3개월 경과 등) 과거의 징계 사실만으로 후보 출마를 제한하는 것은 옳지 않으며, 모든 판단을 유권자에게 맡기도록 권고하고 있습니다. 가벼운 1, 2호의 경우 자격제한을 두지 않도록 권고하는 사항이 있습니다. 지역에 따라 해석이 다르겠지만 참고하길 바랍니다.

서울특별시 학생인권 조례 제20조의 '학생이 학생회를 통해 의견을 밝힐 수 있는 권리'를 위하여 앞서 살펴보았던 한 초등학교의 학칙(학생생활인권규정) 일부를 다시 한번 들어보겠습니다.

---

5. 학교는 학생 전용 의견게시판을 설치·제공하고, 학생자치회가 학생의 의견을 들어 자율적으로 관리·운영할 수 있도록 지원한다.

⑤ 학생자치회에서 협의하거나 지원하는 사항은 다음 각 호와 같다.
1. 학생 연구활동
2. 문화, 예술, 체육, 취미활동
3. 각종 봉사활동
4. 재난대피 훈련 시 지원활동
5. 학생생활의 건의 사항

– A초등학교 학생인권규정

A초등학교의 예시 규정을 해석하면, A초등학교에서는 학생 전용 의견 게시판을 설치하게끔 되어 있습니다. 이처럼 학교는 모든 학생이 자신의 의견을 자유롭게 게시할 수 있는 분위기를 만들어야 합니다.

게시판의 운영은 학생자치회가 자유롭게 할 수 있습니다. 행사 안내를 할 수도 있고, 학급학생자치 회의 결과, 전교학생자치 회의 결과를 게시판을 통해 공유할 수 있습니다. 또는 학생들이 자유롭게 하고 싶은 말을 할 수 있는 공간으로도 활용될 수 있습니다.

보통은 시설 개선 또는 불편한 점을 고쳐달라는 이야기가 많습니다. 이러한 문제가 해결되는 것을 경험하면 학생들이 더 적극적으로 참여하게 됩니다.

지금까지 학생자치회의 근거를 다양한 법률을 통해 찾아보았습니다. 학생자치는 여러 법률을 근거로 운영되어, 지역의 조례를 살펴보면 대략의 업무를 파악하기가 용이합니다. 현재 학생인권 조례는 충청남도, 제주특별자치도, 전라북도, 경기도, 서울특별시, 광주광역시에서 시행 중입니다. 각 지역별 자세한 조례는 국가법령정보센터(https://www.law.go.kr/)를 방문하여 해당 지역의 학생자치회 관련 조례들을 살펴보길 바랍니다.

다양하게 활용하는 학생자치 게시판

학생자치회 활동을 꾸려갈 때 이것만은 꼭!

학생자치회 활동의 터를 닦을 담당선생님이 최소한으로 챙겨야 할 것들을 '예산, 규정 개정, 업무의 진행'이라는 주제로 안내합니다. 학생자치 업무를 처음 맡은 선생님, 혹은 학생들의 자치활동 기반을 단단히 마련할 선생님들께서는 아래 내용을 차근차근 읽어보면서 함께 가꾸어 가길 바랍니다. 먼저 우리 학교의 학생자치활동이 잘 진행되고 있는지 점검하면 좋겠습니다. 다음 표의 항목을 점검해봅시다.

No	학생자치회 활동 진단 문항	확인
1	학생자치회 활동 전용공간이 있다.	☐
2	학생자치회 활동 전용공간에 컴퓨터 등 기본 사무용품이 갖추어져 있다.	☐
3	학생회 전용 게시판(온라인 or 오프라인)이 있고 활성화되어 있다.	☐
4	학생자치회 활동 예산을 세우고 사용하는 데 참여한다.	☐
5	학생이 주체로 행사를 기획하고 실행한다.	☐
6	학생회 선거는 전(년도)학기에 실시한다.	☐
7	학생생활규정에 대해서 토의한 적이 있다.	☐
8	학급회의나 전체 회의를 정기적으로 개최한다.	☐
9	건의 사항에 대해 교장선생님(담당선생님)에게 책임 있는 답변을 들을 수 있다.	☐
10	학생회의 모든 활동은 전체 학생에게 알려지고 있다.	☐
11	학생회(다모임)와 교장선생님과의 정담회(대화) 자리가 마련되어 있다.	☐
12	우리 학교 학생회 활동은 활발히 이루어지고 있다.	☐

출처 : <학생자치 길라잡이>(전라남도교육청)

학교의 여건과 상황에 따라 다르겠으나 현재 우리 학교의 학생자치회가 부족한 점이 무엇인지, 잘하고 있는 점이 무엇인지 파악하는 용도로 사용해보면 좋습니다. 지금부터 학생자치활동에서 사용하는 예산에 대해 이야기해보겠습니다.

예산, 자치활동에서 중요해요.
예산을 어떻게 잡아야 하나요?

경기도교육청에서는 학생자치활동 운영계획에서 학생자치 운영비 편성을 권고하고 있습니다.(타 지역의 경우 학교 전체 기본 운영비의 2% 확보 필수 등의 조건이 있습니다. 지역 교육청의 당해년도 예산편성 지침을 확인하면 가장 정확합니다.) 학생주도의 자치활동을 보장하기 위하여 학교 기본운영비에서 100만원, 200만원 이상 등의 편성이 필요하다는 겁니다. 강제하는 사항은 아니지만, 학교에 예산이 편성되어 있지 않은 경우, '시도교육청 학생자치활동(혹은 민주시민교육) 운영계획'에 근거하여 요청하면 좋겠습니다. 그 예산으로 무엇을 쓰냐고 물어보는 관리자가 있을 수 있고, 담당선생님도 예산 사용을 어떻게 해야 할 지 어려워할 것을 감안하여 지역별 학생자치 운영계획에는 사용할 곳의 예시를 다음과 같이 명시하고 있습니다.

> 학생자치회 공약 활동을 지원하는 공약 이행비나 자치활동 행사 운영비, 자치활동 협의회비, 학생자치실 운영비, 학교장 정담회비, 캠페인 활동비, 학생자치회 역량강화 등

그 외에도 학교 예산으로 구입이 제한되는 품목(문화상품권 등 현금성 자산)을 제외하고는 대부분 구입, 사용할 수 있으니, 제약 없이 사용하면 됩니다.

학생들이 1년 동안 학생자치활동을 하기 위해 예산이 얼마나 준비되어 있는지, 어떤 행사에 얼마를 썼는지 담당선생님께서는 학생자치회 학생들과 공유하고 논의해야 합니다. 학생자치회 학생들은 활동 초기에 예산이나 금액에 대한 감각이 부족하여 예측이 어려우니 담당선생님께서는 범위를 잡아 그 예산 이내에서 쓸 수 있도록 안내해야 합니다. 추후 몇 번의 행사를 진행해보면 학생도 자율적으로 예산 계획을 작성하고 필요한 물품을 요청할 줄 알게 됩니다. 진정한 학생자치가 이루어지기 위해서는 학생들도 예산을 알고 사용할 필요가 있습니다.

돈이 부족하거나 남는 경우 어떻게 하나요?

예산이 부족할 때는 학교에서 남는 예산을 추가경정예산*(흔히 추경이라고 합니다.)을 요청할 수 있습니다. 행사나 공약을 이행하다 보면 예산이 부족할 수도 있고, 상황에 따라 남는 경우도 있는데, 학교 전체 운영비에서 남거나 모자란 부분을 서로 변경하여 사용할 수 있으므로, 행정실에서 추경 안내가 오는 경우 신청하기 바랍니다.

---

* 추가경정예산 : 기존에 편성한 예산으로 감당하기 어려운 일이 생겼을 때 추가로 짜는 예산

세부 사업명	세부 항목명	원가통 계비목	산출내역	산출식			요구금 액(원)	필요사 유
				원	명	회		
자율활동	학생회 활동지원	교육 운영비	학생 자치회 행사운영	320,000	1	1	320,000	자치회 12월 행사 운영

*원가통계비목 – 교육운영비 : 학생 교과활동지원을 위해 소요되는 각종 경비
  – 학생복지비 : 학생에게 지원하는 지원금을 제외한 복지에 소요되는 경비
  – 운영수당 : 교직원이나 강사 등에게 지급하는 각종 수당
  – 비품구입비 : 자산의 변동을 가져오는 물품 구입비

지역에서 학생자치활동 예산을 지원하는 경우 주의할 점은?

지역에 따라 지방자치단체에서 학생자치활동 예산을 지원하기도 합니다. 학년 초에 공문이 왔을 때 잘 확인하고, 요청하는 내용에 맞게 서류를 준비해 신청하면 예산 확보에 큰 도움이 될 것입니다. 통상적으로 지방자치단체의 경우 예산 사용계획을 자세하게 작성하라고 요구합니다. 특정 목적 달성을 위한 사업으로 별도로 예산을 확보한 목적사업비이기 때문입니다. 다른 용도로 사용할 수 없게 하고 사업의 효과성과 성과를 점검하기 위해 집행정산 보고를 요구합니다. 그래서 아래와 예시와 같이 자세한 품목을 요구하고 어떠한 항목에 대하여 해당 단가와 인원수, 사용횟수까지 작성하라고 합니다. 간식비 또는 매식비 예산편성 또한 교부금의 일정 비율로 제한하기도 합니다. 예를 들면 100만원의 15%로 15만원까지만 식사 또는 간식 비용으로 사용할 것을 제시하니 계획서를 꼼꼼하게 살펴봐야 합니다. 지방자치단체의 지원을 받는 경우 예산 변경 요청을 할 때 지방자치단체에 다시 공문을 발송하여 승인을 받아야 하는 번거로움이 생기므로, 계획이 크게 변동되지 않는 행사를

계획서에 작성하여 지원을 받아야 합니다. 마지막으로 지방자치단체에서 지원하는 예산에는 재산취득성 물품(컴퓨터 등 1회/1년 이상 사용 가능한 물품)의 구매를 제한하는 경우가 많으니, 예산 신청할 때 안내 사항을 살펴보는 것이 더욱 중요하겠습니다.

〈지자체 자치활동 예산 신청 예시〉

활동명	집행 계획		소요예산
	항목	산출내역	
학생 자치회의	간식비(과자,음료)	1,000원 x 10명 x 10회	100,000
	학생자치회 활동 다이어리 지원	4,000원 x 10명 x 2회	80,000

내년 예산, 어떻게 해야 할까요?

연말이 되면 학생자치 예산 담당자(학생자치 업무 담당교사)는 다음 연도의 예산요구서 작성을 요청받게 됩니다. 학생자치 담당자로서 학교마다 부서나 사업, 총 요구금액 등이 다르지만 아래의 내용을 참고하여 작성하기 바랍니다. 보통 각 지역 교육청의 다음 연도 회계 편성 지침을 행정실에서 함께 배부하니, 예시 양식에 맞게 작성하면 됩니다.

부서명	세부 사업명	세부 항목명	원가통계 비목명	산출내역	산출식	요구금액	담당자
생활 인권부	자율활동	학생회 활동 지원	교육운영비	학생자치회 행사	250,000원 X 4회	1,000,000	김자치

연말에 미리 다음 학년의 전교학생자치회 임원을 선출하고 학생자치회 인수인계 행사를 진행하는 과정에서 다음 연도의 계획이 큰 틀을 갖추게 된다면 담당교사가 예산요구서나 지방자치단체 지원금 등 외부에

서 지원하는 학생자치회 활동 지원 예산 계획서를 작성하는 데 많은 도움을 받을 수 있습니다. 45쪽의 학생자치회 한해살이 흐름에 자세히 나와 있으니 참고하며 진행하기 바랍니다.

학생참여예산제가 뭔가요?

학생자치활동과 예산을 묶다보면 학생참여예산제를 빠뜨릴 수 없습니다. '학생참여예산제'란 학생들이 자신과 관련된 예산 사업에 직접 참여하면서 민주시민으로서 자율과 책임의 중요성을 체득하고, 합리적 경제관념을 배우며, 생생한 민주적 의사 결정 경험을 통해 민주시민으로서의 권리의식과 책임의식 향상을 목적으로 만들어진 제도입니다.

학생들이 동아리나 학생자치회에서 의견을 내고 학생자치에 배정된 예산을 어떻게 쓸 것인지 제안하고 이를 승인받아 운영하는 방식이 있습니다. 또 다른 방법은 학생들에게 선거 공약이나 다양한 학생자치 아이디어를 받아 심사한 뒤에 주어진 범위 내에서 실현하는 제도입니다.

◇ 학급 내 학생이 주도하고 자발적으로 참여하는 활동
- 학교폭력 예방 방안 논의, 월별 생일 축하, 사제동행 학급 행사, 학급별 자율 봉사활동

◇ 학생이 주인이 되는 학교, 즐겁고 행복한 학교를 위한 학생자치회 공약 이행, 아이디어 수행
- 고마움의 날 운영, 특색 있는 등굣길 행사, 잔반 제로 캠페인, 교복 물려주기 행사, 축제 연계 바자회 불우 이웃돕기

◇ 학생 중심의 학교문화 정착, 교육공동체를 위한 자치활동
- 각종 캠페인, 학교시설환경 개선, 학생자치회실 개선, 학생 설문 의견 수렴, 학생자치신문 제작, 사업홍보, 토론

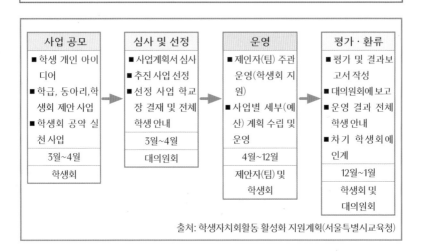

출처: 학생자치회활동 활성화 지원계획(서울특별시교육청)

이처럼 교육청마다 다르게 유형을 나누어 제시하고 있지만, 결국 예
산을 편성하고 집행하는 과정에서 학생의 참여를 적극적으로 권장하고
학생의 의견을 반영하라는 의미입니다. 직접 사업을 기획하고 학교행
사 등에 학생자치 담당교사로서 학생참여예산제를 잘 운영하고자 한다
면, 먼저 행정실의 협조를 잘 받아두면 행사나 기획한 것들을 쉽게 추진
할 수 있습니다.

규정 이렇게 바꿔요.

지역마다 다르지만 학교자치 조례 제정 후 학생자치회가 학교의 자

치기구로 법제화됨에 따라 학생자치회 운영 규정을 개정할 때는 규정 개정심의위원회의 심의 후에 개정하도록 되어 있습니다. 규정개정심의 위원은 임기 1년으로 학교생활인권규정 등 다양한 학교 내 규정을 개 정심의할 때 활동하기 때문에 학생자치 담당교사는 학생자치회 규정을 개정해야 할 상황이 있는 경우 관련 업무를 담당하는 분과 소통하며 규 정 개정을 준비하면 됩니다. 지역에 학교자치 조례가 없는 경우에는 학 생들과 협의하고 기안하여 올리면 됩니다.

관련 법령이나 지침이 변경되었을 때는 예외를 두지만, 보통 학생자 치회 회의 결과를 통하여 개정이 필요한 경우 절차에 따라 규정을 개정 하게 됩니다. 규정개정심의위원회는 학생, 교원, 학부모 또는 전문가가 참여하여 함께 규정 개정심의를 진행하며 개정이 진행된 후에는 게시 판이나 홈페이지 등 다양한 수단을 이용하여 구성원들과 공유해야 합 니다. 학교 규모에 따라 각 위원의 인원수는 다릅니다. 다음은 어느 학 교의 학생자치회 활동 운영 규정에 나와 있는 규정 개정 조항입니다.

제 4 장 규정의 개정
제26조 (규정개정심의위원회 구성)
① 본 규정은 학생 또는 위원회, 교직원회, 학부모회 등에서 개정안 을 발의 후 의견을 수렴하여 안건을 심의하여 학교운영위원회에 서 심의하여 개정한다.
② 규정개정심의위원회는 학생 3명(학생대표), 교사 3명, 학부모 2 명으로 구성한다.
③ 개정 후 학교 구성원들이 볼 수 있도록 학교 게시판, 홈페이지 등 을 통해 공고한다.

앞에서도 언급했듯, 보통은 학교 규정 개정을 담당하는 교사가 따로 있습니다.(주로 관련 부장교사가 담당합니다.) 학생자치회에서 규정 개정이 필요하게 되면 담당교사로서 부장교사와 협의해야 합니다. 이때 담당교사가 소속 학교의 규정을 읽어두면 학생과 더 매끄럽게 소통할 수 있습니다.

행정절차를 알고 싶어요.

학생자치 담당교사의 역할

서울시교육청에서는 학생자치 담당교사의 역할을 아래와 같이 정리했습니다.

학생참여 선순환 체제 구축·운영

◆ 민주적 합의와 자율적 참여에 기초한 학생자치회(학생회, 대의원회 등)의 기획 · 운영 및 학교장과의 정담회 추진

◆ 학생자치리더십 캠프 기획·운영을 통한 학급임원의 학생자치역량 강화

◆ 학생자치회 활동에 대한 교직원의 자발적 참여를 이끄는 견인차로서 학생자치회활동관련 교직원 연수 및 학생 교육 운영 및 지원

◆ 학생참여예산제 사업 제안자(팀)과 사업 관련 부서 연계·지원

◆ 공정하고 민주적인 선거를 위한 선거교육 및 선거공영제 관리

출처: 학생자치회활동 활성화 지원계획(서울특별시교육청)

◎ 학생참여 선순환 체제 : 학급회의 → 대의원회의('학생의회'기능) → 학생회 → 학교장과의 간담회(분기별 1회 이상)의 순으로 학생의견을 수렴하고 이에 대한 피드백을 공개적이고 투명하게 운영하는 학생참여 시스템

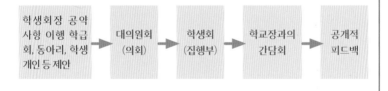

학생자치 담당교사는 학교와 학생자치회 사이를 연결하는 역할을 합니다. 특히 초등학교는 교사가 얼마나 관심을 가지고 있는지가 학교자치회 운영에 영향을 미치기 때문에 담당교사의 지원이 더 필요합니다. 동료 교직원들의 협조도 중요합니다. 교육청에서 오는 각종 자료를 안내하거나 연수 등의 시간을 마련하여 학생자치 문화를 적극적으로 조성할 필요가 있습니다.

업무의 범위

학생자치 담당교사의 업무 범위는 지역이나 학교에 따라 다릅니다. 저마다의 상황과 학생 역량 등이 고려돼야 하지만 한 가지 분명하게 짚고 넘어가야 하는 부분은 학교폭력 예방 캠페인과 같이 학생자치회와 함께 진행하는 모든 행사가 학생자치 담당선생님의 업무는 아니라는 것입니다. 학생자치 담당교사의 업무는 학생자치가 원활하게 운영될 수 있도록 지원해주는 것입니다. 다른 업무를 담당하는 선생님이 자치회 학생들이 주도하는 행사나 캠페인을 필요로 하는 경우, 자치 담당선생님은 자치회 학생들에게 이를 안내하고 각 업무 담당선생님과의 일정 조율 등을 통하여 학생들이 업무 담당선생님과 함께 기획하고 진행할 수 있도록 해야 합니다.

연초 계획 단계나 연말 교육과정 반성회에서 학생자치회에서 담당하기로 사전 협의된 내용이 아닌 일까지 학생자치 담당교사가 전부 맡을 수는 없습니다. 학교에서 갑자기 부탁이 오는 경우 자치회에 의견을 들어보거나 자치회 정기회의에 제안해보겠다고 하고 학생들 의견을 취합 후 가능 여부를 알립니다. 이렇듯 다른 업무와 경계를 명확히 세워 학생 자치회가 운영될 수 있도록 중심을 잡아주는 것이 담당교사로서 지치지 않고, 꾸준히 학생을 위한 자치를 꾸려가는 방법입니다.

① 학생자치 선거 지원

대다수의 학생자치 담당교사는 학생자치 선거를 담당합니다. 선거관리위원회를 모집하고 선거관리위원들이 후보자 등록부터 당선자 공고까지 잘 진행할 수 있도록 지원해주는 일입니다. 학생자치 운영 규정 또는 상황에 따라 선거관리위원회를 적정 인원수로 구성합니다. 그중에서 선거관리위원장을 선출하게 하고, 위원장을 중심으로 학교학생자치회 선거를 준비합니다. 학교마다 세부 규정은 다를 수 있습니다.

선거 일정 공고	후보자 등록	선거운동	투표	개표
선거 일정 안내 선관위 명단 공고	추천서, 신청서 제출	포스터 부착 소견발표회	투표소 설치 투표 진행	개표 진행 당선자 공고

다른 학생들의 동의(추천)를 받은 후보자의 신청서를 받습니다. 선거관리위원회는 이 과정부터 함께하며, 공정하게 추천받는지를 살핍니다. 기호 추첨과 사전 교육도 선거관리위원회에서 준비하게 할 수 있습니다. 선거관리위원회는 후보자의 홍보물 규격 등이 차이 나지 않도록 관리하며, 유세 기간에 후보자들이 공정하게 경쟁하는지 등을 살펴보게

됩니다. 또한 공정한 선거가 되기 위한 홍보, 교육 자료를 제작하는 역할도 맡습니다. 이 교육 자료에는 유권자의 권리가 무엇인지, 유권자의 권리를 정당하게 행사하는 방법으로서의 선거를 홍보하도록 합니다.

최근엔 선거권 확대 분위기로 저학년들도 선거권을 가져야 한다는 이야기가 나오고 있습니다. 학생자치 선거를 처음 하는 학생들을 위한 모의 투표는 가상의 후보를 만들어 투표용지를 만들고, 선거인 명부 작성 후 투표용지를 받아 선거하는 일련의 과정을 미리 체험해보도록 하는 활동으로, 후배 학생들이 민주시민으로서의 첫 체험을 의미 있게 할 수 있는 마중물 역할을 하게 됩니다.

지역의 '선거관리위원회'에 학생자치임원 선거 지원을 요청하는 것도 좋은 방법입니다. 학교의 선거규정에 대한 자문을 해주거나 제정, 개정을 지원해주고 투표함이나 기표대 등 선거 장비를 대여해주기도 합니다. 선거관리 절차, 사무처리 방법 등 학생 선거관리위원회에게 큰 도움을 줄 수 있을 것입니다. 선거 관련 강의나 자료도 제공하는 등 지원하는 내용은 지역마다 차이가 있으니, 우리 지역 선거관리위원회를 찾아 연락해서 확인하는 것이 좋습니다.(단, 대선, 지방선거 등이 임박하였을 때는 지원이 어렵다는 점 참고하세요!)

　선거 전에 토론회도 운영할 수 있습니다. 입후보한 학생들이 학생 대표가 되기 위하여 준비하는 과정에서 소견을 발표하는 과정을 담임선생님뿐만 아니라 선거관리위원회에서도 도와줄 수 있습니다. 발표를 효과적으로 하는 방법 등을 알려주고, 사전에 토론회가 시작되기 전에 리허설을 도와주는 등 선거관리위원회가 학생자치임원 후보들이 자신감 있게 토론회에 임할 수 있도록 지원하기도 합니다. 토론회는 다음과 같은 차례로 진행합니다.

〈토론회 순서 예시〉

토론회 시작 안내	소견발표	지정 토론	자유 토론
토론회 일정 안내 토론회 규칙 안내	기호순으로 발표 시간 확인, 제한	학생들이 사전에 질문을 마련하여 후보에게 질의	후보자 간 또는 청중 질의, 응답

월	화	수	목	금
선거관리위원 모집		선거 계획 내부결재 완료	선거 일정, 선관위 공고 D-12	후보등록기간 (3일)
후보 등록	등록 마감, 번호추첨, 후보자 공정선거 교육			벽보 부착, 선거운동 (투표일까지)
선거운동	선거운동	공약토론, 소견발표 (후보자 인원에 따라 1~2시간)	선거운동	투표 당일 투표, 개표, 당선자 공고
당선증 교부		출처: 〈학생자치 길라잡이〉(전라남도교육청)		

　　　　　　　　1장. 바로 옆에서 알려주는 학생자치, 넌 누구니?

선거일 공고

20**년도 학생자치회 임원선거의 일정과 입후보자격요건 등을 아래와
같이 공고합니다.

20**년 ○월 ○일
△△초등학교선거관리위원회(직인)

1. 선거일정

구분	일시	장소	비고
후보자 등록	12월 5일 ~ 14일	○학년 교실 (선거관리위원장)	회장 1인(6학년) 부회장 2인 (6, 5학년 각 1인)
선거운동기간	12월 17일 ~ 선거전		
합동소견발표회	12월 28일 선거 전	도서관	1교시
투표 / 개표 / 공고일	12월 28일	도서관	선거 직후

2. 후보자등록시 제출서류(서류양식-선거관리위원장/○학년 교실에서 수령)
　가. 후보자등록신청서 1부.
　나. 추천서 1부.
　다. 공약 및 20**학년도 활동 계획서 1부. (규격: 양식에 맞추어 제출).

3. 입후보자격
　가. 20**년 3월 2일 예정 본교 재학생으로 회장은 2000학년도 기준 6학년(현 5학
　　년), 부회장은 6학년(현 5학년) 또는 5학년(현 4학년)에 재학중인 자
　나. 선거권자 ○명 이상의 추천을 받은 학생

　　선거 당일에는 투표소를 지키고, 선거 진행이 매끄럽도록 보조합니
다. 선거인명부에 서명을 받습니다.(선거인명부의 경우, 각 학급에서 학급명부를
한글파일로 받아 출력해서 학생들 서명을 받습니다.) 투표용지를 나누어주고, 기
표소까지 안내하고 투표함에 잘 넣는지를 확인합니다. 선거 종료 후에
는 개표하여, 최종 선거 인원수와 대조합니다. 여기까지가 선거관리위
원회 학생들의 역할입니다.

학생자치 담당교사는 선거 전 선거 계획을 기안합니다. 공정한 선거를 위한 교육 자료를 만들기도 하는데, 만들더라도 아주 간단하게 만들길 권합니다. 학생 선거관리위원회가 역량이 있다면 교육 자료를 직접 만들어보도록 할 수 있습니다. 투표 후 당선자 공고 기안, 홈페이지 게시, 당선증 출력 등을 지원해줍니다. 저는 선거를 준비하는 과정에서 학생들에게 체크리스트를 제공하곤 했습니다. 선거관리위원장이 선거관리위원들과 함께 선거를 준비하는 과정에서 필요한 것을 빼놓지 않고 할 수 있도록 다음과 같이 체크리스트를 만들어준다면 학생들도 스스로 선거 과정을 잘 준비할 수 있습니다.

선거관리위원회 체크리스트

◆ 선거관리위원 모집(○명)
◆ 선거관리위원 회의(1차), 선거 일정 점검,
　공고 및 청인 찍고 게시
◆ 학생자치회 후보 모집
◆ 선거관리위원 회의(2차)
　-후보공고 선거포스터 부착(담당 및 기한)
　-후보자 공약집 제작(담당 및 기한)
　-저학년 투표교육(팀 편성 및 일정)
　-연설문 검토여부(작성기한 확인)

*토론회 및 투표준비

◆ 기표소 운영, 투표함 준비(세팅)
　-선거 순서 자료, 각 장소별 이름 팻말 세팅
　-후보자 이름 팻말 세팅하기
◆ 연설 준비
◆ 투표용지 준비, 선거 개표 결과 및 공고문
　(B4), 선거록 작성
◆ 선거 관리 진행자 확인, 대본 작성
　-선거관리위원회가 후보들에게 할 질문
　만들어 뽑게하고 질문에 답하도록 하기
◆ 리허설 실시
◆ 역할 분배 - 차례 안내, 명부 확인, 투표용
　지 배부, 투표함 관리, 선거록 작성
◆ 투표 순서 결정
◆ 소감문 제출 또는 반성회 실시

② 학생자치활동 지원, 조율

학생자치회가 활동할 공간과 시간 마련이 필요합니다. 학생자치회실을 원활하게 사용할 수 있도록 각종 구비 품목 등을 학생자치회와 협의 후 구입하고, 학생들의 활동 일정이 학교 행사 등과 겹치지 않도록 조율합니다. 전체 채팅방 혹은 플랫폼을 활용하여 학생들과 학교 일정에 대해 소통해야 합니다. 학기 초 학생자치회가 구성되면 학교 연간 학사일정을 사전에 공유하여 연간 계획을 짤 수 있도록 돕기도 합니다. 이를 위해 학생자치실에 학사일정 달력을 게시하거나, 학생자치회에서 먼저 행사를 기획하여 학교기획위원회와 소통할 수 있도록 합니다. 학교 기획위원회에서 결정되는 주간, 월간 일정에 학생자치회 활동을 더해 학교 전체 구성원이 서로의 활동 내용을 알도록 해야 합니다. 오프라인뿐만 아니라 온라인에서도 밴드나 카카오톡 채팅방(오픈채팅방), 클래스팅 등 학생이 접근하기 쉬운 SNS를 개설하여 학생들이 수시로 의견을 교환할 수 있게끔 담당교사가 지원할 필요가 있습니다.

③ 학생자치활동 행정절차 지원

담당교사는 학생자치 행사나 공약 이행 과정에서 필요한 계획서를 기안하고 물품을 구매해주어야 합니다. 계획서는 학생자치회실에 있는 컴퓨터로 학생들이 직접 작성하게 한 후 파일을 받아 상신해도 되고, 학생들이 어려워하는 경우 전자 문서화 작업(타이핑 등)을 도와줍니다. 학교, 학생의 역량에 따라 융통성 있게 지원하면 됩니다. 보통 기획 회의 단계에서 하단과 같은 양식을 제시하고 함께 고민할 수 있도록 합니다.

〈 학생자치회 활동 계획서 예시 〉

활동명			
일시		활동 부서	
장소		예산 (필요 여부)	
활동 내용			
기대 효과			

학생들이 어느 정도 경험이 생기면 행사나 공약 이행에 필요한 물품을 품의 후 인터넷 쇼핑몰에 직접 학교 아이디로 로그인해주어 장바구니에 넣도록 할 수도 있습니다. 교사는 그 견적서를 내려받아 첨부하면 (법인 계정의 경우만 가능합니다. 일반적으로 학교는 법인 계정입니다.) 행정절차를 간소화할 수 있습니다.

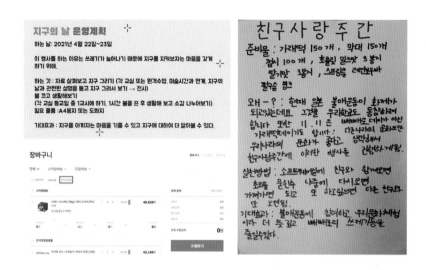

④ 운영 계획하기

학생자치 담당교사는 학생자치회 운영계획을 연초에 기안하게 되어 있습니다. 하지만 학생자치회가 아직 구성되지 않은 경우도 있고, 학생자치회 학생들을 모아도 계획서를 어떻게 쓸지 몰라 어려워하기에 결국 선생님이 나설 수밖에 없는 상황에 처하기도 합니다. 대부분 담당교사가 예년 계획을 바탕으로 임의 작성하고, 실제 학생자치회가 구성된 후 계획과 다르게 운영하면서 어려움을 호소하는 경우를 많이 봅니다.

학생자치활동 계획을 자치회 학생들과 함께 작성하길 권합니다. 기본 방향은 학교 차원에서 목적과 방침을 함께 이야기하고 학생자치회가 구성되면 그 이야기를 바탕으로 계획서를 작성하는 것입니다. 자치 담당교사가 학생자치회에서 이야기 나눈 내용을 가지고 작성해도 되고, 틀에 맞추어 작성하게끔 요청하는 등 운영 방법은 융통성 있게 하면

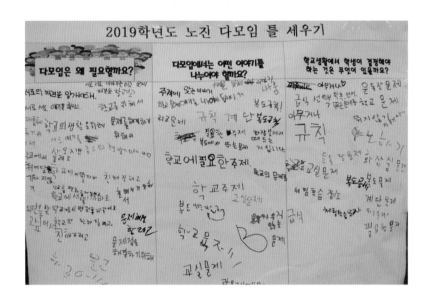

됩니다. 학생들과 함께 작성한 자치활동 계획이 더 의미 있고, 같은 일을 두 번 하지 않을 수 있기 때문에 함께 작성할 시간을 반드시 마련하길 바랍니다. 선생님이 질문을 주고 학생들의 다양한 의견을 받으며 작성할 수도 있습니다. 또는 학생자치회 가치를 정하고 가치를 달성하기 위해 어떻게 할지 같이 상상하고 우선순위를 정하면서 1년의 계획을 잡을 수도 있습니다.

다음은 학생자치회에서 해야 하는 연간 활동을 정리해둔 표입니다. 큰 틀에서 '기획 – 운영 – 반성'의 차례로 운영됩니다. 세부적인 사항은 이 활동에서 조정하여 운영하면 됩니다. 해볼 수 있는 행사, 캠페인은 150쪽에 제시되어 있으니, 학생들이 의견을 내기 어려워하는 경우 선택지로 제시해주면 좋습니다.

〈학생자치회 연간 활동 예시〉

시기	활동 내용
연중	월 1~2회 학생자치회 회의 실시 연 2~4회 교장선생님과의 대화 교육 공동체 대토론회(학생,학부모,교사) 실시 (학기별 1회)
3~4월 (8~9월)	학생 동아리 홍보 조직 학생자치회실, 게시판 꾸미기 1학기 학생자치회 구성(학급대표 등) 학교생활규정 제·개정 활동 참여 학생자치회 리더십 캠프
5~7월 (10~1월)	학생자치회 행사-캠페인 운영 학교의 문제점 진단, 해결논의, 실천
7월 (12월)	학생자치활동 운영 평가, 다음 학년도 학생 예산편성 협의회 학생자치활동 운영 건의 학생자치임원 선거

다음 쪽부터는 다양한 유형의 학생자치회 활동 운영계획서를 보여드립니다. 학생자치회 1년 계획은 회의와 여건에 따라 세부 계획이 변경될 수 있어서 대략적인 흐름만 보여줄 수 있도록 작성했습니다. 자치활동 운영계획은 크게 3가지 유형으로 나눕니다. 우선 부서형은 학생자치회를 부서로 꾸려 운영하는 경우입니다. 통합형은 학생자치회가 하나로 모여서 함께 기획하고 실천해나가는 방식입니다. 마지막으로 자율형은 큰 계획을 작성한 후 희망하는 학생들이 모여 TF(Task Force)팀으로 모여 실행한 후 또 다시 새로운 팀으로 구성하는 방식입니다.

학생자치회 회의 내용을 궁금해하는 다른 선생님들을 위해 학생자치회에서 계획서를 간단하게 타이핑하여 공유합니다. 학생자치회에서 해

〈운영계획서-부서형 예시〉

20** 학생자치회 활동 계획

○○초등학교

□ 목적
  ○ 민주적 학교문화 내실화(학생이 스스로 이끌어가는 체계 구축)
  ○ 학교의 구성원으로서 책임을 가지고 공동체를 이끌어나가려는 태도 정착

□ 학생자치회 비전

서로서로 의견을 나누며 다 같이 협력하는 자치회

□ 추진계획
  ○ 학생자치 운영위원회 구성

*각 부서별 대표가 운영협의체 구성
*길잡이교사 : 방송부(방송 담당교사), 또래상담부(상담교사), 행사기획부, 봉사부(자치담당교사)

  ○ 세부추진계획 (상황에 따라 변경가능)

월	추진내용	세부활동	비고
상시	부서별 모임	격주 부서별 모임 진행(부서별 행사 기획, 준비)	월 2회
	학생자치회 회의	격주 전체 모임을 진행(진행상황 공유, 안건협의 등)	월 2회
	교장선생님과의 대화	교장선생님과 가능 여부, 지원 사항을 확인/점검	요청

월	추진내용	세부활동	비고
4	세월호 행사	세월호 추모, 안전을 위한 행사 진행	
5	스승의 날 행사	선생님에게 존중하는 마음을 담아 꽃 나누어드리기	
10	한글날 행사	한글의 소중함을 담은 행사 진행	
12	1년 활동 반성	20**학년도 자치활동 반성, 차기 학년도 계획 차기 학생자치 운영회 인수인계 등	

□ 기대효과
  ○ 학생 간의 소통과 공감, 배려가 있는 학교공동체 문화 형성

소통과 참여의 학생자치회

○○초등학교

Ⅰ. 학생자치회
- ○ 학급학생자치회 대표와 학생자치회 대표로 꾸린다.
- ○ 학생자치회 회의와 다모임으로 학생들의 의견을 모으고 나눈다.
- ○ 학급학생자치회 회의 결과를 나누고, 학생자치회 주관 행사를 열며, 학교에 바라는 점을 스스로 해결하거나 해당하는 곳에 건의한다.(3-6학년)

Ⅱ. 학생자치회 구성

	운영위원회(추진위원회)	방송부
모집 대상	3-6학년	6학년
모집 인원	3~5학년: 각 학년장과 여러 명 6학년: 학년장과 여러 명, 홍보부	4명
모집 방법	다모임에서 정함	1. 모집 공고, 2. 서류 접수, 3. 면접위원(자치회 대표단, 방송부원, 담당교사)

Ⅲ. 학생자치회 회의

- ○ 학급학생자치회 회의 결과를 나눈다.
- ○ 학생자치회에서 주관한 행사를 나눈다.
- ○ 학교에 바라는 점을 드러내고 함께 푼다.
  - 가. 최소 매월 80분, 연간 7회 이상 운영하여 정기적으로 생각을 공유하는 시간을 갖는다.
  - 나. 학생자치회 회의
    - 1) 시기: 격주마다 월요일 점심시간(12시 50분~) 또는 중간놀이시간
    - 2) 장소: 3-1교실 또는 학생자치회실
    - 3) 참가 대상: 00 학생자치회 대표단, 학급학생자치회 대표 1명
  - 라. 학생자치회 다모임
    - 1) 시기: 격주마다 화요일 점심시간(12시 50분~) 또는 중간놀이시간
    - 2) 장소: 시청각실
    - 3) 참가 대상: 학생자치회 대표단, 학급학생자치회 대표단

자율과 자치로 함께 성장하는
학생자치 지원단 운영계획
○○초등학교

□ 목적
- ○ 학생들의 교내 자치활동을 지원하여 민주적 학교 운영과 학생들의 행복한 학교생활 실현
- ○ 주인의식과 책임감을 키우고 민주시민 역량을 함양하며 즐거운 성장의 공간으로서 학교 분위기 조성

□ 방침
- ○ 학생자치회 주도로 계획·실천·평가할 수 있는 자율적인 집단 활동을 지원한다.
- ○ 여러 가지 문제에 학생들이 자율적으로 참여하여 협의하고 실천하는 경험을 통해 문제를 합리적으로 해결할 수 있는 능력을 기를 수 있는 장을 마련한다.
- ○ 학생들의 의견을 적극적으로 반영하고 이를 실천할 수 있는 회의 문화를 조성한다.

□ 활동 내용
- ○ 학급학생자치회, 학생자치회(대위원회)와 학생자치회 부서와는 별도로 학생자치회 주관 행사, 캠페인, 활동이 있을 시 지원단을 모집하여 임원 학생과 임원이 아닌 학생까지 포함한다. 즉, 전체 구성원이 자치활동에 적극 참여하도록 한다.
- ○ 지원단은 활동, 성격에 따라서 전년도에 미리 신청을 받거나 활동 한 달 전쯤 공개 모집으로 지원받는다.
- ○ 각 활동 지원단 인원수는 학생자치회에서 활동을 고려하여 모집한다.

□ 세부 추진 계획

월	자치회	지원단
상시	기본생활습관 캠페인	기본생활 지원단
3	입학식/시업식	입학식 지원단
4	세월호 추모행사/ 자치회 리더십 캠프	세월호 추모행사 지원단 / 리더십 캠프 지원단
5	스승의 날 기념행사	스승의 날 지원단
6	친구사랑의 달 행사	친구사랑 지원단
9	자치회 리더십 캠프	리더십 캠프 지원단
11	학생의 날 기념행사	학생의 날 지원단
12	작은 음악회	작은 음악회 지원단

당 시기에 예산을 사용할 경우에는 별도 계획서를 기안한 후 품의하기보다는 품의 문서에 함께 첨부해 내부결재 받으면 행정실과 학교 구성원들의 협조를 수월하게 받을 수 있을 것입니다. 학교 상황에 따라 연간 계획을 근거로 별도 계획서 없이 바로 품의하는 것도 가능합니다.

교사와 학교의 마음가짐

학생들이 만들어갑니다.

최근 교사별 교육과정, 교사별 평가 등 교사의 교육과정 자율성에 대한 요구와 관심이 많습니다. 학생자치도 이와 유사합니다. 학생들이 직접 학교를 만들어가는 과정이기에 교사는 옆에서 지원해주는 것입니다. 생각보다 잘되지 않아도 괜찮습니다. 처음에는 진행 자체가 어려운 것이 당연합니다. 특히 초등학생의 경우 자율성을 부여받은 경험이 적습니다. 해보지 않은 일을 처음부터 잘하는 건 누구에게나 무리이지 않을까요? 자율성을 주는데 왜 못하냐고 하면 당연히 못할 것입니다. 그때는 학교에서 학생자치회에 공간과 시간을 만들어주어야 합니다. 교사들도 학년 연구실로 논의할 공간이 생기면서 활성화되듯, 모여서 이야기하고 활동할 공간이 필요합니다. 그 이후에 학생들의 이야기를 들어보면서 필요한 경우에는 학생들이 꾸릴 수 있도록 담당교사가 비계 (Scaffoliding)를 두어 조금씩 개입하고, 시간이 지나며 역량이 늘수록 점차 학생자치회가 자립하도록 그 개입의 정도를 줄여가야 합니다.

기다림이 중요합니다.

학생자치 담당교사를 처음 맡은 선생님은 '학생들이 하는 것이 어설 프고 실수도 많아 보기에 너무 답답하다, 내가 나서주고 싶다'라는 말 을 많이 합니다. 하지만 중요한 것은 기다림입니다. 학생들은 이러한 방 법, 저러한 방법 등으로 나름의 해결책을 찾아갑니다. 실수해도 괜찮다 고 해주어야 합니다. 실수를 통해 성장할 수 있으니까요. 기다리지 못하 고 개입하면 학생들은 스스로 하는 법을 배우지 못하게 됩니다. 자치활 동의 근간은 학생들의 자치역량을 믿고 기다려주며 지지해주는 데 있 습니다. 학생자치 업무는 기다림이 많이 필요합니다. 따라서 담당교사 는 학생자치 업무만을 전담해야 합니다. 또는 학년별로 학생자치를 지 원하는 담당교사를 함께 둔다면 학급과 학년의 자치활동 활성화에 도 움이 됩니다.

학생자치회 학생들은 준비된 일꾼이 아닙니다.

꼭 기억했으면 합니다. 학생자치회 학생들은 '준비된 일꾼'이 아닙니 다. 자주 있는 일은 아니지만, 학생자치 담당선생님과 사전 협의도 없이 급하게 교내 행사에 자치회 학생을 데려가겠다고 하는 일이 있습니다. 물론 학생자치회에 속해 활동하는 학생들은 학교에서 작게는 소속 학급, 크게는 학교에 봉사활동을 하는 것은 맞습니다. 학생들과 학생자치 담당 교사도 협조할 준비가 되어 있습니다. 그러나 조금만 입장을 바꿔 생각 해보면, 금방 아시리라 믿습니다. 최소 1~2주 전에 협조를 구하고, 학생들도 더 기쁜 마음으로 참여할 수 있도록 배려해주는 게 필요합니다.

자발성을 발휘할 시간을 주세요.

학생자치회는 학생의 자발성이 있을 때, 가장 활발하고 의미 있게 운영될 수 있습니다. 하지만 학생자치회를 할 때면 많은 학생이 '선생님, 저 학원 가야 해요!', '오늘은 바빠요!'라고 이야기합니다. 스스로 학생자치회를 하겠다고 했음에도, 방과후 일정 때문에 모임이 어렵다고 합니다. 학생자치회를 선택했다면 책임감을 갖고 참여해야 한다고 시작할 때부터 강조해두는 게 좋습니다. 학부모님께도 부탁 말씀을 드리는 게 좋습니다. 미래 사회를 살아갈 학생들이 스스로 생각하고 결정할 수 있는 능력을 기를 수 있도록 시간을 달라고 제안해보는 것은 어떨까요?

학교 운영이 민주적이어야 합니다.

교장선생님이 민주적 리더십을 갖추지 못하고, 학교 구성원이 민주적으로 참여하고 결정하는 문화가 조성되지 않는다면, 학생자치를 민주적으로 운영하기는 현실적으로 어렵습니다. 학교의 교사들이 민주적이지 않은 환경에서는 학생들이 닮아갈 모델이 없기 때문입니다. 학교가 민주적으로 운영되지 않는데 학생들에게 민주적인 자치회를 운영하라고 한다면 안 될 것입니다. 선생님의 학교는 민주적인 의사 결정 구조를 가지고 있나요? 교사들에게 권한이 없다면 학생들에게도 권한이 배분되기는 현실적으로 어렵습니다. 학생들이 할 수 있는 범위가 어디까지인지를 명확히 하고, 학생들의 역량에 따라 점차적으로 그 범위를 확대해나가겠다는 학교 차원의 공감대가 형성되어야 합니다. 자치활동이 교육과정 등에 영향을 주는 경우에는 학교 전체 구성원 회의에서 이야기할 수 있는 시스템이 있어야 합니다.

학생자치실이 왜 필요하죠?

학생자치 업무를 하다보면 학생자치실 운영과 관련된 공문을 받습니다. 학생자치실이 없다면 만들어 운영하라는 공문입니다. 그럴 때마다 '꼭 필요한가?', '우리 교실 꾸리기도 바쁜데 학생자치실까지 꾸려야 하나?'라는 의문이 들었습니다. '만들기 싫어서'라기보다 여유가 없어서입니다. 경력이 적은 선생님일수록 학생자치실 챙길 여유가 없습니다. 그래서 전에는 학생자치 담당선생님 교실에서 모이곤 했습니다.

가뜩이나 바쁜데 왜 학생자치실을 만들어야 할까요? 여기에 대한 답은 여러 공문, 기안 등을 들어 이야기할 수도 있지만, 저는 학생자치 관점에서 풀어보려 합니다. 학생자치를 통해 우리가 학생들에게 주고자 하는 것은 무엇일까요? 이 질문에 계속해서 답을 하다 보면 결국 '스스로 하는 경험을 주기 위해서'가 아닐까 싶습니다. 이를 위해서는 학생들이 무언가 스스로 할 '거리'가 있어야 합니다. 학생자치실은 그런 '거리'들을 모아두는 공간입니다.

그렇게 만들고 꾸미는 거라면 담당교사 교실에서 해도 되지 않냐는 물음을 할 수 있습니다. 물론 그럴 수 있습니다. 사정이 여의치 않다면 어디라도 안정적으로 활동할 수 있는 공간을 정해야 합니다. 그렇지만 여유가 있다면 학생자치실을 따로 꾸리길 권합니다.

학생자치실을 꾸리면 우선 '우리만의 공간'을 자치회 임원들에게 줄 수 있습니다. 담당선생님의 교실은 그 선생님의 교실 빛깔이 더 드러나는 곳입니다. 담임선생님이라면 반 학생들과 살며 꾸민 공간일 테고, 전담선생님이라면 교과와 관련된 공간일 테죠. 그 공간에 임원들이 회의하러 오면서 '우리가 주인인 곳에 왔다'라는 느낌보다는 '교실을 잠시 빌려 쓴다'라는 느낌을 더 많이 받지 않을까요? 그런 점에서 학생자치실을 따로 구성하는 것이 자치회 임원들에게도 선물이 될 뿐 아니라 앞으로 학생자치회 문화가 움트는 공간을 만드는 데도 좋습니다.

다음으로 학생들이 스스로 하는 힘이 자랄 수 있습니다. 아무래도 담당선생님 교실에서는 선생님 물건을 자유롭게 쓰기 어렵겠지요. 하지만 학생자치실을 꾸리고 여러 만들기나 꾸미기 도구를 두면 누구에게 물어보지 않고 자신이 필요할 때 바로바로 꺼내 쓸 수 있게 됩니다. 이렇게 학생자치실에 만들 거리를 준비해두면 행사를 하나하나 해나갈 때마다 학생들이 스스로 하는 것이 늘어남을 느낄 수 있답니다. 저의 경우는 처음에 학생들이 제게 "이거 써도 돼요? 어떻게 해요?" 하며 일일이 물었습니다. 행사 하나 준비하는 데도 하나하나 설명과 안내가 필요했습니다. 처음이니 그럴 수 있겠다 싶어 알려주고 필요한 것이 있다면 언제든 이야기하도록 했습니다. 그렇게 하나둘 행사를 하고 나니 학생들도 행사할 땐 어떤 물건이 필요한지 알게 되었습니다. 이제는 "저희 이런 거 하려고 하는데 이게 필요해요." 하고 필요한 물건을 포스트잇에 써서 가지고 옵니다. 그러면 저는 그중에 준비해줄 수 있는 물품을 그때그때 준비해 둡니다. 이렇게 행사나 학생자치실에 필요한 물건을 학생들이 스스로 건의하고 준비하게 하려면 학생자치실이 따로 필요합니다.

그 밖에도 학생자치실을 꾸려야 할 여러 이유가 있을 겁니다. 그렇지만 제가 경험한 바로는 위 두 가지가 나름의 학생자치실의 필요성에 대한 저의 답이었습니다. 이렇게 제 생각을 나누는 까닭은 어차피 해야 하는 일이라면 그 속에서 의미를 찾길 바라기 때문입니다. 저도 처음에는 마음이 바빠 '우리 반 교실에서 하면 되지, 왜 따로 교실을 만들어야 하지?'라고 생각했습니다. 실제로 학생자치실이 생기면 교실이 두 개 되는 만큼 바빠지기도 합니다. 그럼 마음이 바쁘기에 '이런 일까지 해야 하나?' 싶은 생각이 듭니다. 하지만 학생자치실을 만드는 게 무척 가치 있는 일이라는 점을 꼭 강조하고 싶습니다. 학생자치실을 만드는 일은 학교의 자치문화를 일구는 터전을 만드는 일입니다. 10년 뒤에 그곳에서 여전히 학생들이 자치활동을 하고 있을지도 모릅니다. 그 터전을 가꾸는 일, 한번 같이 해보면 어떨까요? 우리가 대학시절 과방에서 했던 일들이 추억이 되었듯, 학생들에게도 학생자치실이 추억을 만드는 공간이 되기를 바랍니다.

학생자치실 어떻게 꾸리나요?

학생자치실을 꾸리는 데는 정답이 없습니다. 다만, 학생자치실은 학생들이 주인으로 활동할 수 있는 공간으로 생각합니다. 그래서 학생자치실을 꾸릴 때 학생들 생각을 바탕에 두고 합니다. 아마 어떤 선생님은 학생들의 창의적인 생각을 위해 꾸릴 것이고, 어떤 선생님은 학생들이 편안히 쉬며 놀 수 있는 공간을 준비할 것입니다. 이처럼 각 학교 나름의 빛깔로 꾸미면 될 일이라 생각합니다.

그렇지만 막상 무엇부터 하면 좋을지 감이 오지 않습니다. 그래서 이번에는 학생자치실을 꾸민 사례를 보여드리고자 합니다. 편안하게 '아, 이렇게도 할 수 있겠네' 하고 보면 좋겠습니다.

책상

먼저 학생자치실 하면 떠오르는 것은 책상입니다. 예전에는 큰 탁자 하나를 두고 둘러앉았습니다. 그러다보니 회의할 때 학생들끼리 이야기하기가 어려웠습니다. 학생들 사이에 거리가 멀었기 때문이지요. 그래서 책상을 육각 분리형으로 바꿨습니다.

고작 책상 하나라고 여길 수 있지만, 실제로 바꾸고 보니 학생자치회의 활기가 높아졌다는 것을 느낄 수 있었습니다. 교실에서도 분단 자리와 모둠 자리의 활기가 다르지요. 가장 좋은 것은 학생들이 회의 또는 활동하기 좋다는 점입니다. 회의를 한다면 하나의 주제를 작은 소주제로 나누어 책상별로 해결하는 월드카페 형식으로 할 수 있고, 행사를 한다

옛날 책상   바꾼 책상

면 책상별로 꾸릴 행사를 준비할 수 있습니다. 해마다 전교임원선거가 다가오면 학생자치실을 투표소로 바꾸는데, 이때 육각 분리형 책상은 금방 치우고 선거장을 꾸릴 수 있어서 좋았습니다. 또 모두가 회의를 나누어야 하면 'ㅁ모형'으로 이어 만들 수도 있습니다. 이렇듯 경우에 따라 여러 형태로 꾸릴 수 있기에 책상은 육각 분리형 책상을 추천합니다.

블라인드, 수납함

다음으로 블라인드가 있습니다. 행사를 많이 했다면 행사 결과물을 학생자치실에 붙여 꾸미는 게 가장 좋지만 처음 한다면 창문에 예쁜 블라인드를 걸어두는 것도 좋습니다. 학생자치실 창문에 블라인드만 걸어두어도 훨씬 화사한 느낌을 줄 수 있습니다. 교실 앞판과 뒤판이 있다면 블라인드와 함께 현수막을 사서 걸어두는 것도 좋겠지요.

학생자치실을 꾸밀 때 학생들 의견을 듣는 것도 필요합니다. 다음 사진의 학생자치실은 학교 리모델링 때 필요를 물어 학생들과 함께 정한 것이라고 합니다. 도안을 함께 보고 고르는 것만으로도 오고 싶은 학생자치실을 꾸리는 데 도움이 되리라 생각합니다.

이어 자료를 정리할 수납함입니다. 학생자치회를 오래 하다 보면 물품이 너무 많아져 정리가 필요한 날이 옵니다. 그날을 위해 학생들이 학생자치실에 와서 참고할 도서를 둘 책꽂이나 물건을 정리할 수납함을 함께 준비해보세요. 수납함은 그 종류가 워낙 다양해서 고르기 나름입니다. 간단하게 플라스틱함과 책꽂이로 준비할 수도 있고, 주문 제작할수도 있습니다. 만약 디자인을 고른다면 고르는 과정에서 학생들에게도 의견을 물어보세요. 현재 디자인은 어떤 것들이 있는데 그중 어떤 것이 마음에 드는지 정하는 것이지요. 별것 아닌 것 같지만 이러한 과정이학생들을 주인으로 만든답니다.

학생자치실 블라인드

학생자치실 수납함

2장. 공간을 공감하다 학생자치실 꾸미기

학생자치실에 앉을 공간이 필요해요! (학생자치실을 바꾼 사례)

학교가 작고 학생이 많아 학생자치실을 만들기 어려웠지만 교장선생님 배려로 창고로 쓰이던 작은 공간을 학생자치실로 꾸몄습니다. 하지만 일반 교실보다 공간이 좁아 학교에 있던 안 쓰던 가구들을 넣어 학생자치실을 구성하니 너무 좁아서 회의하기 불편했습니다. 또 창고였다 보니 에어컨이 없고, 북향이라 추운 계절이 오면 회의하기가 힘들었습니다.

이에 학생들과 회의를 하며 이를 어떻게 개선할 수 있을지 물어보았습니다. 그러자 지금 가구들 대신에 바닥에 앉아서 회의하면 더 많은 사람이 회의에 참여하기 쉽고 편리할 것이라고 제안했습니다. 온돌 바닥으로 하면 추운 것도 보완할 수 있을 것이고, 위쪽에는 선풍기와 온풍기를 달아주면 좋겠다고 이야기했습니다.

어느 정도 내용을 정리한 뒤에 학생자치회에서 교장선생님을 찾아가 이러한 제안을 말씀드렸습니다. 교장선생님께서는 흔쾌히 허락해주면서 거기에 필요한 공사를 지원해주셨습니다. 학생들은 새로운 바닥에 필요한 작은 책상들을 원하는 디자인을 골라 구입하였고, 필요한 가구들, 물품들을 함께 구입하여 언제든지 오고 싶은 회의실로 바꿀 수 있었습니다.

| 원래 학생자치실 | 온돌 바닥으로 바꾼 학생자치실 |

지금까지 책상, 블라인드, 수납함 그리고 사례로 온돌 바닥까지 알아보았습니다. 사실 이 정도면 학생자치실로는 손색이 없을 구성입니다. 다들 이런 식으로 꾸려서 운영하고 있기도 하구요. 그런데 학생자치실은 꼭 이렇게 비슷하게 만들어야 할까요? 다음은 '초등자치' 밴드에 올라온 정성스럽게 꾸민 학생자치실 사진입니다. 참 예쁘지요. 식물도 푸릇푸릇한 게 마치 카페 같습니다. 이런 학생자치실이라면 누구나 오고 싶어 하지 않을까요?

학생자치실(출처: '초등자치' 밴드)

2장. 공간을 공감하다 학생자치실 꾸미기

결국 여기에 제시된 사례는 말 그대로 사례일 뿐입니다. 참고만 하고 각 학교에서 실정에 맞게 꾸리는 것이 좋습니다. 다만 꾸리는 과정에서 앞서 말씀드린 것처럼 '오고 싶다'는 마음이 들도록 학생들과 함께 꾸리는 것이 무엇보다 중요하다고 생각합니다. 선생님이 그리는 학생자치실은 어떤 모습인가요?

학생자치실에 있어야 할 것

기본 준비물

'좋아, 이제 나의 감성으로 학생자치실을 꾸미겠어! 그런데 뭘 사지?' 막상 꾸리려니 생각이 잘 안 납니다. 그래서 이번 꼭지에서는 학생자치실에 있어야 할 기본 준비물을 알아보겠습니다.

바구니

학생자치실에는 학생들이 스스로 활동할 수 있는 거리들이 있어야 한다고 했습니다. 그래서 책상 위에 바구니를 둡니다. 그 바구니 안에는 유성매직부터 색연필, 파스텔, 스카치테이프, 가위, 풀, 삼각자, 포스트잇 등 꾸미기 활동에 필요한 것은 다 넣어둡니다. 그러면 학생들은 행사를 준비할 때 바구니 안에서 필요한 것을 꺼내 씁니다. 이때 바구니에 들어가는 제품은 가장 좋은 제품으로 준비하려고 합니다. 꾸미는 물건이 좋으면 꾸밀 맛이 나기 때문입니다.

기본 준비물

-바구니(큰 것, 작은 것)
-색칠도구: 유성매직, 색연필, 파스텔, 사인펜, 캘리그래피 브러쉬펜 등
-4절 머메이드지, 8절지, A4도화지, 색종이 등
-가위꽂이, 가위, 풀, 포스트잇, 물레방아 테이프, 연필깎이, 학교 달력 등

학생자치실 용품

색칠도구

먼저 색칠도구를 준비합니다. 유성매직은 24색 사각통에 담긴 것으로, 색연필은 여러 색이 들어있는 틴케이스에 들어있는 제품으로 준비합니다. 경우에 따라서는 캘리그래피 펜을 준비해도 좋습니다. 학생들이 손으로 써보며 예쁘게 꾸밀 수 있도록 좋은 제품으로 준비해두면 잘씁니다.

종이류

꾸밀 도구가 준비되었으면 종이를 준비합니다. 주로 머메이드지를 준비해두고 필요한 용지를 추가하여 구입합니다. 크기는 A4, 8절, 4절, 전지 등으로 나누어 준비합니다. 색깔은 흰색을 기본으로, 되도록 밝은 계통으로 준비합니다. 학생들이 매직을 활용해 글을 쓸 것이기 때문입니다. 이렇게 사둔 종이류는 자치실 한쪽에 잘 정리하여 두고 필요할 때마다 꺼내 쓸 수 있도록 합니다. 그리고 색종이도 필요할 수 있으니 준비해두면 좋습니다. 색종이는 한번 사두면 오래 쓰는 물품이라 플라스틱 케이스에 담긴 것으로 준비합니다.

그 밖에

더 있으면 좋은 물품으로는 가위, 풀, 포스트잇, 테이프, 연필깎이 등이 있습니다. 이것은 낱개로 바구니에 담아두어도 좋고, 여유가 된다면 가위꽂이와 가위 20개 정도를 사서 딱풀 한 박스와 함께 학생자치실 한쪽에 두면 좋습니다. 포스트잇은 기본형도 좋지만 여러 캐릭터가 그려진 것부터 다양한 모양을 함께 준비합니다. 다양할수록 홍보물을 만들거나 행사에 쓰기 유용합니다. 테이프도 물레방아식 테이프로 모둠별로 하나씩 넣어주고 사정이 여의치 않으면 개별 테이프를 몇 개 넣어둡니다. 여기까지는 꾸밀 물품이라 꼭 있어야 활동할 때 큰 어려움 없이 할 수 있습니다. 또 학교 달력도 함께 넣어두면 행사를 준비할 때 유용하게 쓸 수 있어 좋습니다.

두고두고 쓰는 물품

이젤패드

다음으로 학생자치실에 두고 꺼내 쓸 수 있는 물품입니다. 먼저 큰 이 젤패드가 있습니다. 이젤패드는 스탠드도 함께 있는 것으로 사야 하며 행사를 위해서는 최소 두 개는 자치회에 가지고 있는 것이 좋습니다. 이 젤패드는 쓰기 나름입니다. 홍보물을 붙이기 어려운 곳에도 간이게시 판 용도로 쓸 수 있고, 큰 글씨를 그려서 설치미술의 형태로 행사도 할 수 있습니다. 행사를 마친 뒤에는 포스트잇만 떼어 전시하면 그것대로 작품이 되지요. 작은 학교라면 학급마다 하나씩, 큰 학교라면 학년마다 하나씩 지원해주면 아주 유용합니다.

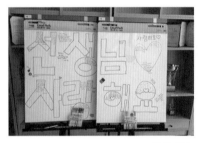

이젤 패드, 스탠드 활용

조끼

다음으로 자치회의 상징, 조끼입니다. 학생자치회 활동을 할 때마다 조끼를 입고 활동하면 소속감이 배로 늘어납니다. 조끼를 입고 싶어 학 생자치회를 지원하는 학생도 있을 정도입니다. 그만큼 학생자치회를 더욱 빛나게 할 아이템이 바로 조끼입니다. 조끼는 일체형과 지퍼형이 있습니다. 저는 개인적으로 일체형이 더 예쁜 것 같아서 일체형을 쓰지만 요즘에는 착용하기 편한 지퍼형을 많이 씁니다. 눈에도 잘 들어오고 학생들이 입은 모습도 예쁜 밝은 색, 형광색으로 추천합니다. 사이즈는 3-4학년은 청소년용을, 5-6학년은 성인용을 준비해야 겨울에 외투 위에도 편하게 입을 수 있습니다. 여름에도 딱 맞게 입는 것보다 조금 넉넉하게 입는 것을 권장합니다.

학생자치회 조끼

전자제품

이번엔 학생자치실에 있으면 좋은 전자제품들을 소개합니다. 우선 컬러프린터가 있으면 좋습니다. 컬러프린터는 행사 준비의 질을 높여줍니다. 회의 결과를 인쇄해서 학교 게시판에 붙여줄 수도 있고 필요한 사진을 출력해 콜라주처럼 오려붙일 수 있으니 정말 유용합니다. 학생자치회 예산이나 학교 다른 곳에서 예산이 남는다면 여기로 돌려서라도 꼭 준비해보는 것을 추천합니다.

다음으로 노트북 또는 태블릿PC를 준비하면 좋습니다. 학생들이 모여서 함께 작업하기에는 데스크탑보다 노트북이나 태블릿PC가 더 유용하기 때문입니다. 예산이 된다면 학생자치실 용으로 준비해두어 여러모로 잘 쓸 수 있습니다.

학생들이 행사를 준비하며 스마트폰을 활용하는 데 불편이 없게 충전기도 마련해 둡니다. 블루투스 스피커를 들여서 행사 때 음악을 깔아주어도 좋겠지요. 다른 물품도 마찬가지지만 특히 IT 제품은 가격대가 상당히 비싸고 관리도 해야 하기 때문에 학생자치회 활동에 어떤 식으로 지원할 것인지 고민한 뒤 준비해야 합니다.

대형 게시판

학생자치실 물품은 아니지만 학생들이 자주 다니는 공간에 대형 게시판을 만들면 좋습니다. 학생자치회에서 하는 행사나 회의 결과 등을 안내할 때 유용하게 쓸 수 있기 때문입니다. 예전에는 스테이플러나 압정으로 고정하는 게시판이 많았지만 요즘에는 자석으로 고정하는 게시판이 많습니다. 아무래도 압정은 손도 많이 가고 무엇보다 다칠 수 있기 때문에 자석형 게시판을 추천합니다. 자석은 특대형 자석(38mm)으로 준비하면 좋습니다.

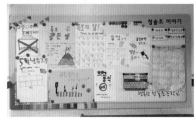

자석 게시판

게시판은 앞서 말씀드린 것처럼 행사를 알릴 때도 좋고 선거후보자 입후보를 안내할 때도 좋습니다. 또는 회의 결과를 공유하거나 학교 구성원의 의견을 받을 때도 요긴하지요. 학생자치회뿐만 아니라 학교의 필요에 따라 다양하게 쓸 수 있으니 없다면 꼭 설치하는 것을 추천합니다. 가격이 천차만별이지만 보통 100만 원 넘게 들기에 관리자와 협의하여 예산을 확보해야 합니다.

이 정도면 미리 구비해 두는 것은 충분합니다. 이미 있는 것들로도 학생들 스스로 행사를 꾸려나가는 데 어려움이 없기 때문입니다.

기타 물품

이제 행사를 하면서 필요한 물품을 준비하면 되는데 그 사례를 몇 가지 적습니다.

먼저 소리함 또는 건의함입니다. 학교 곳곳에 붙여두어 의견을 받을 수도 있고 평소 학생자치실에 두고 행사할 때마다 꺼내 쓸 수도 있습니다.

다음으로 뽑기통 또는 돌림판입니다. 이것 역시 준비해두면 행사에 유용하게 쓸 수 있습니다. 상품을 나눠줄 때 하나로 주기보단 이렇게 '운'의 요소를 넣어 다양하게 줄 수 있도록 하면 더 즐겁게 할 수 있답니다.

그 밖에 지금은 어렵지만 코로나가 끝나면 와플기나 초콜릿 중탕기, 냉장고 같은 음식과 관련된 물품을 준비하여 '아침 간식 나누어먹기'와 같은 활동을 할 수 있습니다. 또 버튼프레스, 소원나무, 폴라로이드 카메라처럼 다양한 행사 활동으로 쓰기 좋은 물품을 준비해두면 주제만 바꾸어 유용하게 쓸 수 있습니다.

이것 이상으로 필요한 것은 선생님과 학생들의 상상으로 채워나가면 좋겠습니다. 쉴 수 있는 소파, 학생들끼리 친해질 수 있는 보드게임, 행사하며 참고할 수 있는 여러 책, 행사마다 줄 상품, 선거마다 쓸 기표대 등 학생들과 함께 이야기 나누고 학교 사정에 알맞게 준비하고 좋다면 '초등자치' 밴드에 사례를 나눠주세요.

와플기

초콜릿 중탕기

폴라로이드 카메라

소리함

뽑기통

소원나무

두고두고 쓰는 물품

-이젤패드, 스탠드
-조끼
-전자제품 물품: 컬러프린터, 노트북, 태블릿PC, 충전기, 블루투스 스피커
-대형 자석 게시판
-행사 관련 물품: 소리함, 뽑기통, 돌림판, 버튼프레스, 소원나무, 폴라로이드 카메라
-음식 관련 물품: 와플기, 초콜렛 중탕기, 냉장고

함께 내딛기
학생자치회 꾸리고 운영하기

학생자치회가 정확히 뭔가요?

우리 교육은 늘 변화하고 있습니다. 그 변화가 발전일 수도 있고, 때로는 제자리걸음일 때도 있습니다. 어떤 때는 새롭게 하는 교육이 뒷걸음질일 때도 있습니다. 이런 변화에서도 요즘 들어 가장 많이 바뀐 것이 '학생자치'입니다. 그 시작은 경기도교육청에 '민주시민교육과'가 만들어지고, '민주적인 교직원 회의 문화'와 '학생자치회'에 힘을 주기 시작하면서부터라 볼 수 있습니다. 이때가 2010년대 초반이었습니다.

앞에서도 학생자치 개념을 몇 번 말했지만, 교육청에서 펴낸 자료집에서 풀어낸 뜻을 살피며 조금 더 쉽게 설명해보려 합니다. 담당교사가 학생자치의 개념을 정확하게 이해해야 학생에게도 쉽게 설명할 수 있을 테니까요. 다음 설명을 읽어보면 '무슨 말이지?' 하는 생각이 듭니다. 이 말을 학생들도 알 수 있게 풀어봅니다.

> 학생자치회 : 학생이 주체가 되어 학생의 권리를 보장하기 위하여
> 학교의 교육활동과 학교 주요 정책에 의견을 제시하고 일상에서 당
> 면한 문제를 민주적인 절차와 방법으로 해결해 나가는 조직
>
> 출처: 〈학생자치 길라잡이〉(경기도교육청)

위 말의 뜻을 하나하나 파헤쳐봅니다.

+ 학생이 주체가 되어: 학생이 학교, 교육의 주인으로 선다는 말입니다.
+ 학생의 권리를 보장하기 위하여: 학생이 권리를 보장한다고 합니다. 학생의 권리에는 무엇이 있을까요? 인간으로 인격을 존중받을 권리, 학습 받을 권리 따위입니다. 이것이 지켜지기 위해서라는 뜻입니다.
+ 학교의 교육활동과 학교 주요 정책에 의견을 제시하고: 학교는 학생들 교육을 위한 조직이라 할 수 있습니다. 이런 교육활동과 이를 위한 주요 정책에 앞서 말한 대로 학교의 주인인 학생도 의견을 낼 수 있습니다.
+ 일상에서 당면한 문제를: 학교, 교실에서는 늘 문제가 생깁니다.
+ 민주적인 절차와 방법으로 해결해나가는 조직: 이러한 문제를 학생들 스스로 정당한 절차와 방법을 통해 해결해가는 학생들 모임이 학생자치회입니다.

학생자치회, 하나씩 따져보자

학생자치회는 크게 두 가지로 나눌 수 있습니다. 학생자치회를 구성하는 단위에 따라 전교학생자치회와 학급학생자치회로 나뉩니다. 전교학생자치회는 학생자치회라 하고, 그 속에 학급학생자치회를 포함합니다.

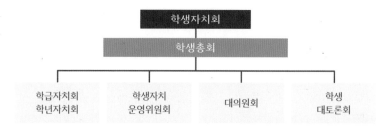

학생자치회는 크게 넷으로 나뉩니다. 학생총회까지 사실은 다섯 개입니다. 학생총회는 가장 큰 단위로 전교생 모임 정도로 생각하고 넘어가겠습니다. 학년자치회는 한 학년 학생이 함께 모이는 단위, 학급자치회는 학급 단위 조직입니다. 학생자치 운영위원회는 학생자치회의 실제 일꾼(회장단과 부장단) 모임입니다. 대의원회는 학급 회장들 모임입니다. 학생 대토론회는 학교 대토론회를 위해 학생 뜻을 모을 때 하는데 초등학교에서는 잘 하지 않습니다. 경기도교육청에서 안내하는 구성과 역할은 다음과 같습니다.

학생총회	① 전체 학생으로 구성된다. ② 전체 의견수렴이 필요하고 대의원회 재적 과반수 이상 요구가 있을 시 개최한다.
학급자치회 학년자치회	① 학급(학년)자치회장, 부회장, 각 부의 임원 및 학급(학년) 학생으로 구성된다. ② 학급(학년) 목표와 학급(학년)생활협약 제정, 학급(학년) 행사의 설계, 기타 학생 중심의 학급(학년) 운영이 되도록 학생들의 건의 사항 및 필요사항을 협의한다.
학생자치 운영위원회	① 학생자치회장, 부회장, 각 부의 부장(차장)으로 구성된다. ② 학생자치회 운영계획 수립, 학생자치회 예산 편성 요구 및 집행, 결산보고, 대의원회에서 위임된 중요한 의안에 대하여 협의한다. ※ 학생자치운영위원 - 각 부서의 부장, 차장 등 - 학생회장의 추천, 공모 등 대의원회의 의결을 통해 결정 - 학생자치회장 또는 선거관리위원회에서 위촉하는 형태로 위촉장 수여 권장
대의원회	① 학생자치운영위원과 학급(학년)대표로 구성하며 학생자치회장이 의장이 된다. ② 학생자치회 활동 사업계획 심의, 학생자치회 예산 및 결산 심의, 학급(학년)자치회 및 학생자치운영위원회에서 발의한 안건의 처리, 기타 필요사항 등을 협의한다.

〈경기도교육청 2021 학생자치회 활동 운영계획〉

이해를 돕기 위해 학생자치회를 구성 단위별로 조금 더 쉽게 설명하면 아래와 같습니다.

학생총회	전교생을 포함하는 단위입니다.
학급자치회 학년자치회	학급학생자치와 학년학생자치입니다.
학생자치 운영위원회	회장, 부회장, 각 부의 부장으로 구성합니다.
대의원회	전교회의 한다고 할 때 모이며 운영위원회에 학급 대표(회장)로 구성합니다.

3장. 함께 내딛기 학생자치회 꾸리고 운영하기

추진계획	세부계획	실시기간										담당자
		3	4	5	6	7	9	10	11	12	1	
구성	학급 대표 선출	○					○					학급담임
	학생자치회 회장단 선출					○				○		담당
학생 자치회 활동	리더십 캠프	○					○					담당
	학생자치 회의	격주 운영										담당
	임원 다모임	달에 한 번										
	행사		○	○	○	○		○	○	○		담당

〈초등학교 학생자치회 활동 운영계획〉

학생자치회 구성

학생총회(다모임)

학생자치회 모임을 조금 더 자세하게 살피려 합니다. 먼저, 학생총회입니다. 학생총회는 앞서 표에서 살폈듯, 전교생이 모두 함께 모이는 것입니다. 작은 학교에서는 학생총회를 통해 민주적인 절차와 방법으로 주요사항들을 결정하고 있습니다. 작은 학교라도 학교 크기에 따라 다르겠지만, 1학년부터 모두 참여할 수 있다면, 학생들은 이런 학생총회 참여 경험으로도 학생자치를 일찍부터 경험하며 배울 수 있습니다.

학생이 모두 모이는 학생총회는 이상향입니다. 이상향이란 더없이 좋다는 것인데, 다른 한편으로는 '쉽게 할 수 없다'는 뜻도 담고 있습니다. 전교생이 모두 모일 수 없는 까닭은 여러 여건(학년, 시설, 시간표 따위) 중에서도 '학생 수'입니다. 그렇기에 위에서 '작은 학교'라는 전제를 달았습니다. 전교생이 모일 수 있는 학교는 많아도 100명 넘으면 힘들 텐데, 6학급만 넘어도 100명은 쉽게 넘고 맙니다.

이런 까닭으로 학생총회를 다른 방법으로 운영할 수 있습니다. 이는 《초등자치》(에듀니티, 2018)에서 소개한 바 있습니다. 학급임원이 모두 모이는 형식입니다. 보통 학교에서 학급임원은 회장 한 명, 부회장 두 명으로 해서 학급에 세 명입니다. 3학년부터 학생자치회를 함께 한다고 하더라도 학 학년에 5학급이라면 20학급입니다. 20학급에 학급마다 세 명씩이니 그 수만 해도 60명입니다. 이 모든 학생이 모두 모이는 조직으로 학생총회를 열었습니다. 이를 학생총회라 부르지 않고, '학생자치회 다모임'이라 부를 수 있습니다.

학생자치회에서 모임을 흔히 다모임이라고도 합니다. 많이 쓰는 다모임을 그 규모와 운영 형식에 따라 다른 이름으로 부를 수 있습니다. 이 또한 정해진 규칙은 있을 수 없습니다. 아래도 임의로 나눈 것이니 참고하며 우리 학교 규모와 처지에 맞게 다모임을 꾸릴 수 있습니다. 다모임 이름도 다른 이름으로 부를 수 있습니다. 다모임 앞에 학교 이름이나 학생들과 함께 정한 이름을 넣을 수도 있습니다.

3장. 함께 내딛기 학생자치회 꾸리고 운영하기

전체 다모임 (전교생 다모임)	학생총회처럼 학교 재학생이 모두 모이는 형태이다. 전교 다모임으로 학교 행사를 함께 계획하거나 학교 발전을 위한 건의도 할 수 있다.
학생자치회 **다모임**	전교학생자치회 임원 모두가 참여하는 형태이다.
학년 다모임	학년 전체 학생이 모이는 형태이다. 학년에 반이 많지 않다면 어렵지 않게 할 수 있다. 생일 축하도 할 수 있고, 학년 교육과정이나 행사에 대한 이야기를 나눌 수도 있다.
학급 다모임	학급회의를 학급 다모임으로 부르기도 한다.

학생자치회 다모임을 마치며_선생님 일기

1학기 학급임원들이 다 모였습니다. 아이스크림을 주문했습니다. 한 학기 동안 애쓴 학생들에게 격려로 주는 선물입니다. 돈은 학생자치회 예산을 이곳에 쓰려 미리 빼두길 잘한 것 같습니다.

1학기 회장, 부회장이 고맙다고 인사말을 합니다. 홍보부장과 부원들이 좋았다고 인사말을 합니다. 학년장이 많이 배웠다고 인사말을 합니다. 담당교사인 저도 즐거웠다고 인사말을 합니다. 모두 행복했다며 서로 인사를 나누며 헤어졌습니다. 이 중 몇 명이나 함께할지 모르지만, 9월 새로운 2학기 학급임원들과 다모임으로 만납니다.

헤어지고 돌아서니, 마음이 짠합니다. 자치회는 학급을 하나 더 맡은 듯하다던 어느 선생님 말씀이 떠오릅니다. 그런 것 같습니다. 자주 만나지는 않지만 자치회 학생들은 우리 반 학생들 같습니다. 다음 자치회 학생들에게는 조금 더 이름을 많이 불러줘야겠습니다.

학급자치회, 학년자치회

학생자치가 강조되면서 가장 큰 변화가 전교학생자치(학생자치)와 학급학생자치 모습입니다. 학급자치회가 강조되면서 학급에서 학생들과 함께 만드는 교실이 늘었습니다. 담임선생님이 학급운영을 계획할 때,

학년 초 학급세우기를 학생들과 함께 진행합니다. 학생들의 생각으로 학급 목표를 세우고, 학급 규칙을 정합니다. 예전에는 아주 드물게 몇몇 교실에서 이루어지던 것이 이제는 많은 교실에서 쉽게 볼 수 있는 모습입니다. 학급회의도 많은 교실에서 운영하고 있습니다.

학급자치회는 학급 구성원인 학생이 모두 참여하는 조직입니다. 학급 학생이 모두 학급자치회에 참여합니다. 물론 그 중심은 학급 대표(회장단 또는 반장단)입니다. 학급 대표가 내세운 공약을 지키는 것에서 시작해, 학생들의 의견을 받아 교육과정 운영에 반영하기도 합니다.

학급자치회는 아주 작은 것에서 시작합니다. 월요일 아침, 주말 이야

회의 차례	진행(대표)
① 개회 선언	지금부터 *학년 *1반 제 *회 학급학생자치회 회의를 시작하겠습니다.
② 좋-아-바 좋았던 점 아쉬운 점 바라는 점	지난 (한 주 또는 한 달) 동안 우리 학급 생활에서 좋았던 점, 아쉬운 점이나 학급 또는 학교에 바라는 점을 말해주시기 바랍니다. 발표하고픈 학생은 손을 들어주시고, 다른 사람이 발표할 때는 손을 내리고 발표하는 사람의 이야기를 들어주기 바랍니다.
③ 의제 선정	함께 이야기 나눌 거리, 의제를 정하도록 하겠습니다. 좋-아-바에 나온 것에서 조금 더 이야기 나누면 좋은 것을 골라주기 바랍니다. (나온 것에서 다수결로 하나 또는 둘을 정한다.)
④ 토의 이야기 나누기	그럼 우리가 정한 주제로 이야기를 나누겠습니다. 더 알아보기: 이 주제를 조금 더 자세하게 말해주기 바랍니다. 의견(생각, 질문, 반박): 여기에 의견을 말해주기 바랍니다. 생각도 좋고, 질문도 좋으며 반박도 좋습니다. 결정: 그럼 나온 의견에서 결정하도록 하겠습니다.
⑤ 선생님 말씀	(회의하면서 보고 느낀 점을 해주십시오.)
⑥ 폐회 선언	이것으로 *학년 *반 제 *회 학급학생자치회 회의를 마치겠습니다.

〈좋-아-바 학급회의 진행 시나리오〉

3장. 함께 내딛기 학생자치회 꾸리고 운영하기

기를 학생대표가 진행하고 금요일에 학급회의를 엽니다. 학급에 문제가 생기면, "자, 이거 여러분이 해결할게요." 하며 학생대표에게 회의로 문제를 풀게 합니다. 학급에서 무엇을 결정할 때, "자, 우리 반에서 ~를 하려고 해요. 무엇을 어떻게 하면 좋을까요?" 하며 학생들에게 의견을 물어서 결정합니다. 물론 학급자치회 대표를 뽑을 때 학생 선거관리위원회를 꾸리고, 이를 중심으로 후보를 받고 토론회를 진행하기도 합니다.

학년학생회는 많은 선생님에게 낯설 겁니다. 물론 학년이 함께하는 활동을 해오던 선생님들도 많았습니다. 이전에는 이런 활동이 뜻 맞는 선생님 몇 분이 같은 학년을 맡으며 가능했습니다. 그런데 이제 학생자치가 강조되며 학년에서도 학년학생회를 꾸리고 운영할 수 있습니다.

자치를 하는 건 불편한 일이다. 그럼에도 필요한 까닭은?

교실에서는 많은 문제가 생깁니다. 이렇게 문제가 생겼을 때 그 해결 과정을 학생들에게 맡깁니다. 해결 과정에서 학생들은 덜컹거립니다. 어떻게 해야 할지 몰라 허둥거립니다. 시간은 오래 걸리고 해결방법을 잘 찾지도 못합니다. 어느 학급이든 학생들에게 문제를 맡기며 스스로 풀라고 하면, 학생 자치로 문제를 해결하면 이와 비슷합니다.

반면 그 문제를 선생님이 해결하는 것이 가장 쉽게 빠르며 명쾌합니다. 문제를 일으킨 당사자들 말을 들으며 잘잘못을 따져 칭찬과 꾸중할 수 있습니다. 문제가 생길 때마다 이렇게 해결하면 명쾌하고 시간도 얼마 걸리지 않습니다.

그런데 선생님이 해결방법을 찾아주면 문제가 생길 때마다 그래야 합니다. 1학기가 끝날 때도 문제는 선생님이 해결해야 합니다. 2학기가 되어도 학생들은 문제를 선생님에게 기대며 해결해달라고 합니다.

반면 처음에는 오래 걸리고 덜컹거리던 학생들에게 문제를 계속 맡깁니다. 낯설던 환경에 조금씩 익숙해지고, 문제해결도 스스로 해가며 익숙해집니다. 6월이 되니 그 시간이 오래 걸리지 않습니다. 덜컹거림도 많이 줄었습니다. 2학기가 되니 스스로 문제를 찾아 해결하기도 합니다. 무엇보다 좋은 점은 선생님이 해결해줄 때보다 더 치열하게 토의하며 문제 행동을 함께 고치고 다듬는 모습을 보입니다.

학생자치 행사를 보며_선생님 일기

"선생님, 행사 하나 해도 돼요?"

"응? 행사요? 왜요?"

"아, 제 학생대표 공약이 행사를 한다는 것이었거든요."

"네. 그렇게 하세요."

"뭐 하면 좋을까요?"

"그건 학생들에게 물으면 좋지 않을까요?"

학생대표 둘(우리 학교는 학급학생자치 대표가 둘이다)은 며칠 동안 행사를 궁리합니다. 놀이 책을 꺼내 보며, 이 놀이 괜찮냐고 묻기도 합니다. 저는 학생들에게 물으면 좋겠다고 말해줍니다.

"선생님, 이거 두 개 놀이할 건데 언제 하면 좋을까요?"

"아, 네. 그럼 체육 한 시간이면 될까요?"

"네."

놀이를 안내하는 종이를 만들어 앞판에 붙입니다. 3학년 학생들이고 처음이라 안내가 조금 서툴러 보이지만 궁금한 학생들은 대표들에게 직접 묻습니다. 놀 시간을 주었고, 대표 둘은 놀이 방법을 설명하며 놉니다.

학년학생회는 학생들 힘만으로는 할 수 없습니다. 물론 이는 학년학생회에만 해당하지는 않습니다. 학생자치 모두가 학교에서, 학급에서 선생님들이 얼마큼 열어주는가에 달렸다고 해도 심한 말이 아닙니다. 열어주는 만큼 학생들은 상상하고 계획하며 활동합니다. 그러므로 학년학생회가 되기 위해서는 학년 선생님들이 먼저 해보겠다는 뜻을 모으는 과정이 필요합니다. 이것이 되지 않는데 무리해서 학년학생회를

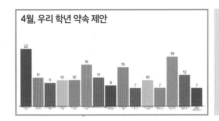

한다는 것은 자칫 학생들에게 짐만 얹어주는 꼴이 될 수 있습니다. 이럴 때는 학년학생회는 포기하고 학급학생회를 살리는 것이 더 옳다고 생각합니다. 학생자치는 할 수 있는 만큼 학생들에게 틈을 주는 것이라 생각합니다.

학년학생회를 하는 절차는 학급학생회를 바탕으로 합니다. 학급에서 우리 학년이 해결해야 할 문제 또는 함께 진행하고 싶은 행사를 제안합니다. 이를 다른 학급에서도 함께 논의하고 함께 모여 학년학생회 회의를 합니다. 이후 나온 결과를 바탕으로 실천하고 다시 돌아보는 과정을 거칩니다. 위는 어느 초등학교에서 온라인으로 학년학생회 활동을 한 결과입니다.

학년학생회 행사로 달에 한 번 정도 생일잔치를 열 수 있습니다. 학교에서 함께 모일 수 있는 곳에서 학급 대표를 진행자로 세워서 진행합니다. 창체에서 자율 시간을 한 시간 정도 빼면 충분합니다. 창체 동아리 활동을 학년학생회에서 주도할 수 있습니다. 초등학생이라 고학년에 적합합니다. 동아리 과목을 정하고, 학생을 모집하고, 계획을 세웁니다. 학예회를 학년학생회와 연계해서 할 수 있습니다. 학예회를 1, 2부로 나

자치활동	하는 방법
생일잔치	함께하는 놀이나 노래 -> 생일 축하 -> 장기자랑
동아리	과목 정하기 -> 공고 - 모집 -> 계획 세우기
학예회	1부: 함께 부르는 노래 -> 장기자랑(개인, 학급)

뭐 1부는 학년이 함께, 2부는 학급에서 하는 형식입니다. 1부를 학년학
생회에서 하며 장기자랑이나 한 해 동안 학년에서 함께한 교육활동을
넣을 수 있습니다.

따로 또 같이 한 학년발표회

+ 저녁 7시 시작
학년발표회는 저녁 시간에 합니다. 학부모가 모두 와서 볼 수 있기 때문입니다. 우리 반 스물일곱
명 모두 가족들이 왔습니다. 우리 학년은 두 반입니다. 두 반이 함께 학년발표회를 합니다.

+ 학생회 진행
발표회 진행은 학생회 대표들이 합니다. 두 반 대표 한 명씩 둘이서 진행합니다. 첫 시작을 알리는
말부터 학생들이 합니다. 진행을 따로 연습하지 않고 온전히 맡겼습니다. 학생 진행자가 우리 담임
들에게 묻습니다. "무슨 노래해요?" "누가 먼저 해요?" 이렇게 온전히 맡길 수 있는 건, 달마다 학년
자치회로 다모임 생일 잔치를 하고 있기 때문입니다. 그때마다 학생회에서 스스로 진행했습니다.
이번 발표회 진행 절차도 학년 생일 잔치(2반 샘 놀이-생일 축하-장기자랑-1반 샘 노래)와 비슷합
니다.

+ 선생님도 함께
이번에도 2반 샘 놀이와 1반 샘 노래를 했습니다. 2반 샘 놀이는 여는 무대로, 1반 샘 노래는 1부 마
치는 노래로 했습니다. 놀이 두 개, 노래 두 곡입니다. 노래는 <꼴찌를 위하여>와 <나는 나비>를
불렀습니다. "선생님, <꼴찌를 위하여> 부를 때 뭉클하는 것 같던데요. 저도 그랬어요." 마치고 뒤
풀이에서 구경 온 다른 선생님께서 해주신 말씀입니다. 뭉클까지는 아니지만 학생들과 학부모 노
래에 감동받아 기분이 좋았던 건 사실입니다.

+ 장기자랑
이번 발표회에서 우리 3학년 두 반은 이렇게 함께합니다. 그런데 온전히 같이 하는 것은 아닙니다.

3장. 함께 내딛기 학생자치회 꾸리고 운영하기

1부 발표회를 두 반이 함께 합니다. 2부는 각 교실에서 장기자랑을 조금 더 하고 마칩니다. 1부에는 기타와 리코더 발표를 합니다. 기타는 화요일 수업 마치고 원하는 학생들을 모아서 한 시간씩 지도했습니다. 리코더는 문화예술수업으로 전문가 선생님이 수업을 해주셨습니다. 이번 무대에서 학생들은 기타 세 곡, 리코더 세 곡으로 1, 2반 학생들이 섞여서 했습니다. 모든 무대에 1, 2반 학생들이 함께 섞였습니다. 두 반밖에 안 되어 학생이든 학부모든 서로 잘 알고 있으니 이렇게 섞여서 하는 게 더 좋았던 것 같습니다.

+ 반짝 생일 축하
"12월이 생일이신 부모님은 나와주세요." 사실 미리 준비한 것은 아닙니다. 리코더와 기타 연주를 마쳤는데 예상한 시간보다 너무 빨리 마쳤습니다. 달마다 하는 생일잔치를 해봅니다. 학부모 네 분이 나오셨습니다. 모두가 함께 생일 축하 노래를 부릅니다. "장기자랑, 장기자랑, 장기자랑" 하는 바람에 못 이기는 척, 학부모들은 <얼굴 찌푸리지 말아요>를 불렀습니다.

학생자치 운영위원회

학생자치 운영위원회는 학생자치회 일꾼 모임입니다. 일꾼들이란, 임원들이라 할 수 있습니다. 전교회장, 부회장은 당연직이며, 다른 임원은 학교마다 달리할 수 있습니다. 보통 회장단과 각 부 부장이 운영위원회에 들어갑니다. 필요하다면, 학년에 한 명씩 학년장을 두기도 합니다. 학년장이 있으면 학년학생자치회를 진행할 수 있고, 해당 학년의 뜻을 전달할 수 있습니다. 왜냐하면 초등학교는 학년 중심 교육활동이 많기 때문입니다. 각 부서도 학교마다 다 다르게 둡니다.

《초등자치》에서는 운영위원회를 회장단, 학년장, 부서장, 홍보부원으로 꾸렸습니다. 홍보부를 따로 꾸리고 모두 참여한 까닭은 운영위원회에서는 최종 결정을 내리고 일을 추진할 때가 많아 그것을 알리기 위해서였습니다.

3장. 함께 내딛기 학생자치회 꾸리고 운영하기

운영위원회는 주마다 한두 번 점심 때 모여 학생자치회 활동을 궁리합니다. 자주 모여서 힘들어하고 싫어할 것 같은데 운영위원회 모임이 있을 때 학생자치회실을 가보면 빠진 학생을 한 명도 보기 힘들 정도로 늘 학생자치회실이 가득 찹니다. 늘 웃음소리가 끊이지 않으며 즐겁게 이야기 나눕니다.

대의원회

대의원회는 앞서 설명했듯 기존 전교학생자치회와 같다고 생각하면 쉽습니다. 전교 학생회의를 할 때 학급 학생회장이 참여하는데 이 학급 학생회장을 대의원이라는 이름으로 다르게 부른다고 생각하면 됩니다. 학급 학생회장은 학급 학생들의 뜻을 대신 전달하는 사람으로 대의원이라는 이름을 썼습니다. 국회에 국회의원들이 지역 민심을 대신 전달하는 것과 같습니다.

대의원회에서 학생자치회 회의를 합니다. 학급에서 올라온 건의 사항을 전달합니다. 학생자치회가 하려는 행사나 활동에 대한 의견을 모아 정하기도 합니다. 학생자치 운영위원회에서 결정한 내용(행사나 활동)을 심의하고 결정합니다. 대의원회에서 하는 일이 조금 다른 까닭은 꾸리는 방법에 따라 차이가 있기 때문입니다.

학생자치회 꾸리는 방법은 크게 세 가지로 나눌 수 있습니다. 부서형은 학생자치회가 기존에 많이 해온 방법입니다. 부서에 대의원(학급 대표)를 편성해서 운영하는 형식입니다. 통합형은 학급 대의원을 부서로 편성하지 않고 대의원회의(전교회의)에 참여하는 형식입니다. 자율형은 따로 임원을 두지 않고 운영하는 형태로, 요즘에는 이런 형태가 늘어나는 추세입니다.

> **준비위원회(지원단)**
>
> 《초등자치》에서는 학생자치회에 행사 때마다 준비위원회를 세웠습니다. 준비위원회에 운영위원회는 저절로 포함되며, 운영위원회가 아닌 학생자치회 학생도 희망하면 함께할 수 있습니다. 희망 준비위원회는 임원학생총회에서 지원을 받아서 꾸립니다. 준비위원회는 달마다 하는 행사 때 꾸렸습니다. 운영위원회 힘만으로 행사를 치를 수 없을 때 꾸렸습니다. 우리 책에서는 준비위원회를 '지원단'으로 이름을 통일했습니다.

리더십 캠프, 어떻게 운영하지?

10년 전만 생각해도 리더십 캠프를 여는 학교가 드물었습니다. 그러다가 학생자치가 강조되고 활발해지다 보니 리더십 캠프의 필요성이 저절로 생겼습니다. 학생자치회가 무엇이고 무엇을 해야 하는지, 학생자치회 학생으로서 어떤 모습을 보여야 하는지 알아야 하니까요.

《초등자치》에서는 리더십 캠프를 '어울림 잔치'라고 했습니다. 어울림 잔치로 바꾼 것은 영어를 우리 말로 하는 게 좋겠다는 생각과 함께 학생자치회를 시작하며 학생들끼리 함께 어울리는 시간이 필요했기 때문입니다.

왜 하나요?

리더십 캠프를 하는 까닭은 무엇일까요? 이것도 정해진 것은 없다고 생각합니다. 전라남도교육청에서 펴낸 자료집 〈학생자치 길라잡이〉에는 리더십 캠프의 목적을 "학생자치활동을 통해 스스로, 더불어, 새롭게 성장하기 위해 지난 일 년 간 학생자치활동에 대한 평가의 시간을 마련하고 새로운 학기를 준비하는 화합의 시간, 소통의 시간, 실천의 시간을 통해 리더십을 함양한다."라고 하고 있습니다.

조금 더 쉽게 풀어서 말하자면, 리더십 캠프는 학생자치를 잘하기 위해서 '으쌰으쌰' 하는 자리입니다. 초등학교 학생자치는 대표단과 학급 임원으로 꾸립니다. 이들이 함께 학생자치회를 꾸려가야 하는데 어떤 공감대가 형성되어 있지 않습니다. 심지어 서로 얼굴도 처음 보는 사이가 많습니다. 학생자치회로 만났지만 서로 전혀 모르는 사이입니다. 무슨 일이든 그 일을 하기 위해서는 그 구성원이 힘을 내야 합니다. 그러기 위해서는 구성원들끼리 알아야 합니다. 이 리더십 캠프는 학생자치회를 구성하는 구성원들끼리 하나의 주제로 긴 시간 만나는 자리라 볼 수 있습니다.

리더십 캠프에서 함께 어울립니다. 같이 놀이도 하고 생각도 모읍니다. 6학년은 아래 학년을 챙깁니다. 함께 밥도 먹고 학생자치회 일꾼으로서 알아야 할 것을 배우기도 합니다. 3월 개학과 함께 꾸려진 학생자치회이지만 리더십 캠프 이후에야 본격적인 활동을 시작하는 학교가 많은 까닭이 여기에 있습니다.

언제 하나요?

리더십 캠프를 하는 시기는 학교마다 다를 수밖에 없습니다. 많은 학교는 1학기와 2학기 학생자치회를 따로 꾸립니다. 학생자치회를 시작하는 시기가 주로 3월과 9월입니다. 이럴 경우 리더십 캠프는 1학기는 3월 또는 4월, 2학기는 9월 또는 10월에 합니다. 2학기 학사 일정이 조금 짧으니 9월에 마무리하는 편입니다. 만일 한 해에 한 번 학생자치회를 꾸린다면 1학기에 운영하는 학교와 비슷하게 3월 또는 4월에 주로 합니다.

리더십 캠프는 주로 평일 또는 토요일에 합니다. 이 중에서도 많은 학교는 평일에 진행합니다. 평일에 하는 것이 학생이나 담당교사에게 부담이 적기 때문입니다. 여러 까닭(학생, 학부모, 학교의 요구, 리더십 강사의 시간 문제)으로 토요일에 종일 하는 경우도 있지만, 오전에 짧고 굵게 마치는 것이 좋습니다.

일시	시간	일정
○.○.(수)	14:00~14:30	- 마음 열기 - 학생자치활동이란 무엇일까? - 우리가 원하는 리더란 어떤 모습일까?
	14:30~15:30	- 이전 학년(학기) 활동 사례 살피기 - 부서 활동 협의 - 학생자치회 전체 활동 협의 : 우리는 무엇을 어떻게 할 수 있을까?
	15:30:~16:00	- 오늘 하루 어떠했나요, 말하기 또는 글쓰기 - 기념품 전달, 단체 사진 촬영 - 안전한 귀가

리더십 캠프는 시간은 평일 기준으로 할 때 오후에 시작해 일과 시간에 끝내는 것이 가장 이상적이기는 합니다. 학생도 집에 가서 저녁을 먹을 수 있고 담당교사도 업무 부담이 적습니다. 수요일 2시부터 시작해 퇴근 시간이나 5시 정도까지 계획해서 진행하면 무난합니다. 필요한 시간에 따라 이 시간을 앞뒤로 조금씩 조율하는 것이 좋습니다. 《초등자치》 책에서 영근 샘은 오후 5시에 모여 저녁을 모둠별로 함께 먹고 저녁까지 운영하기도 했습니다. 이는 영근 샘과 그 학교 실정에 맞는 경우이지 일반화할 수 없습니다.

어디서 하나요?

리더십 캠프를 하라는 공문 또는 관리자의 요구에 담당교사는 걱정이 컸습니다. 해본 적이 없는 게 가장 큰 까닭이며 충분히 그럴 만합니다. 학생자치회 담당교사들은 늘 새로운 길을 찾고 그 길도 직접 내어 왔습니다. 이런 일은 쉽지 않습니다. 이렇게 힘든 일을 하는 학생자치회 담당교사들에게 고마운 마음을 갖지 않을 수 없습니다.

이때 가장 먼저 떠오르는 시설이 청소년수련원입니다. 리더십 캠프를 강조하면서 많은 청소년수련원에서는 학교 리더십 캠프를 위한 프로그램을 운영하고 있습니다. 이런 시설을 이용하는 게 가장 좋습니다. 이런 시설을 이용할 때는 주로 금요일 오후에 출발해 토요일에 마치는데 이 경우 큰 문제가 있습니다. 담당교사의 부담이 너무 큽니다. 학급담임이 수학여행이나 수련활동으로 가는 것과 다릅니다. 학생자치회 담당교사이지만 그 학생들을 잘 알지 못합니다. 그러니 이런 시설을 이용하더라도 학생지도와 관리에 어려움이 있습니다. 물론 이런 시설을 이용하려면 많은 예산이 들기에 하고 싶다고 다 하지는 못하는 실정이기도 합니다.

이런 까닭에 많은 학교에서는 학교 안에서 리더십 캠프를 운영합니다. 학교에서 할 때는 학교 시설을 잘 살펴야 합니다. 그러기 위해서는 캠프 운영 방향을 먼저 세워야 합니다. 강의가 있는지, 모둠을 나눠 협의시간을 가질 것인지, 공동체 협력놀이를 할 것인지 등 여러 가지를 따져 이에 걸맞는 장소를 정해야 합니다. 평일 오후에 한다고 할 때 장소만 정한다고 되는 것이 아니며, 미리 교직원에게 사용 시설과 이용 시간을 정확하게 안내해 다른 이용자와 겹치지 않아야 합니다. 또는 사용 시설 담당자에게 미리 말해 쓸 수 있도록 해야 합니다. 시설 사용 방법도 미리 익혀둬야 합니다. 처음 모이는 곳은 담당교사 교실이나 학생자치실이라도, 활동을 위해 필요한 곳은 이렇게 미리 확인하고 쓸 수 있게 조치를 취해야 합니다.

무엇을 하나요?

리더십 캠프의 목적을 무엇에 둘 것인지를 먼저 정해야 합니다. 학생자치회 구성원이 서로를 알아가는 시간으로 꾸리고 싶다면 어울리기 시간과 활동을 많이 잡을 수 있습니다. 대의원회나 운영위원회보다 훨씬 더 긴 시간 동안 많은 학생들이 참여하기에 학생자치회 활동 계획을 함께 정할 수도 있습니다. 또 학생자치회 활동과 학생자치회 학생으로서 가져야 할 마음가짐을 주제로 리더십 특강을 마련할 수도 있습니다.

어울리기

서로 잘 알지 못하는 학생들이 친해지는 과정이 학생자치회 운영을 위해 필요합니다. 리더십 캠프는 학생자치회 운영에 필요한 것을 준비하는 시간이기에 친교활동(어울리기)이 들어갑니다. 캠프 참가를 사전에 신청 받아 모둠으로 꾸리길 권합니다. 부서로 운영하는 학생자치회라면 부서끼리 같은 모둠으로 꾸릴 수 있습니다. 조금 더 서로를 아는 것이 좋겠다면 부서와 관계없이 모둠을 꾸릴 수도 있습니다. 모둠으로 꾸리고 6학년 학생들을 모둠장으로 세웁니다. 행사 때는 모둠 조끼를 입는 것이 좋습니다. 그러기 위해서 모둠 수만큼 다른 빛깔의 조끼를 준비하는 것이 좋습니다.

조끼를 입으면 좋은 점

조끼의 빛깔이 모둠마다 다르기에 모둠 활동을 확인하기 쉽다.
조끼를 입으면 학생자치회가 아닌 일반 학생들과 구별이 쉽다.
조끼를 입으면 학생자치회라는 자부심이 생긴다.

"운동장 놀이로 무엇을 하고 싶나요?" 하고 묻습니다. 리더십 캠프를 준비할 때 담당교사가 전체 계획을 세우지만, 자세한 내용은 학생자치회에서 채우게 맡기는 것도 좋습니다. 어울리는 활동으로 놀이를 한다면 그 놀이를 스스로 정하고 진행도 직접 하게 하는 것이 좋습니다. 학생들은 '8자 줄넘기', '피구', '이어달리기' 같은 놀이를 하고 싶어 합니다. 학생들이 무엇을 할지 결정하지 못할 때 담당교사가 이러한 놀이를 안내해주면 좋아합니다. 운동장이 아닌 실내에서 하는 놀이로는 '마피아', '수건 돌리기', '장기자랑' 같은 것을 좋아했습니다.

간식이나 밥을 먹으며 어울리는 시간을 가져도 좋습니다. 《초등자치》에서 영근 샘은 모둠별로 저녁을 직접 만들게 했습니다. 이럴 때는 무엇을 먹을지, 준비물은 어떻게 나눌지 모둠에서 계획을 세울 시간을 줘야합니다. 준비물 중에서 학교에 있는 것(실습실에 있는 버너나 냄비)을 알려주고 없는 것을 챙기게 합니다. 이렇게 직접 해 먹을 때는 불을 사용하는 것이 걱정입니다. 《초등자치》에 나오는 것처럼 직접 밥을 해 먹을 때는 도와줄 선생님이 한 분 더 계시는 게 좋습니다. 선생님 혼자서 하기에는 벅찰 수 있습니다. 음식을 해 먹었다면, 제대로 정리하는 것까지 잘 챙겨야 합니다.

이야기 나누기

학생자치회 운영하는 큰 틀은 학교에서 정하더라도 그 자세한 계획과 실천은 학생들이 해야 합니다. 학년 초 담당교사가 학생자치회 운영

계획을 세우지만 그 활동은 학생자치회에서 할 수 있어야 합니다. 이런 활동 계획을 리더십 캠프에서 세울 수 있습니다. 부서를 꾸려 운영하는 학생자치회라면 그 부서로 모둠을 꾸릴 수 있습니다. 통합형이나 자율형 학생자치회라면 학년이 고루 섞이도록 하거나 학년별로 모둠을 꾸릴 수도 있습니다.

모둠은 서로 둘러앉아 학생자치회에서 할 일에 관해 이야기 나눕니다. 1학기 리더십 캠프로 1학기에 할 행사를 정한다면, 언제 할 것인지를 이야기 나눕니다. 달에 한 번 할지, 학기에 한 번 할지를 정합니다. 행사할 날이 정해지면 무엇을 할지 정합니다. 모둠마다 같은 주제 또는 다른 주제를 주고 월드카페 형태로 돌아다니며 생각을 보태며 결정할 수도 있습니다. 이 또한 학생자치회를 꾸려가며 변경이 가능하다는 점은 미리 알려줄 필요가 있습니다. 주로 학사 일정이나 학생들의 요구에 따라 학생자치회 계획(날짜, 주제)은 변경이 되곤 합니다. 리더십 캠프에서 결정한 내용은 잘 정리해 학생자치실과 학생자치회 게시판으로 알리는 것이 좋습니다.

학생자치회에서 무엇을 할지 이야기 나누는 것과 함께, 모두가 둘러앉아 이야기 나누는 시간도 가지면 좋습니다. 리더십 캠프를 마칠 때는 주로 이런 이야기를 나눕니다.

"우리 학교는?"

"학생자치회는 무엇인가?"

"행복한 학교는?"

한 명씩 돌아가며 생각을 말합니다. 이때 모두가 말하도록 합니다. 그러기 위해서는 생각이 나지 않으면, '통과'라고 합니다. 통과한 학생은 모두가 말한 뒤 다시 말하도록 부탁합니다. 또 다른 사람이 말한 내용과 같아도 됩니다. 학생들 생각에 웃기도 감동하기도 합니다. 시간이 조금 더 있을 때는, 전지와 포스트잇으로 생각을 글로 남기기도 합니다. 월드 카페나 써클 맵으로 '행복한 학교'나 '이런 것을 하고 싶다'를 주제로 한 생각을 모읍니다. 글로 담은 것은 학생자치회 게시판에 게시합니다.

배우기

리더십 캠프를 떠올리면 가장 먼저 떠오르는 생각이 특강일 수 있습니다. 리더십 캠프에서 진행하는 특강은 크게 두 가지 종류라 볼 수 있습니다. 하나는 공동체 놀이로 강사를 모시는 경우입니다. 다른 하나는 학생자치회 학생들에게 학생자치회가 무엇이며 어떤 일을 하는지, 학생자치회 구성원으로서 무엇을 해야 하는지, 학생자치회 대표(리더)로서 어떤 모습을 보여야 하는지를 가르치고 배우는 특강입니다. 리더십 캠프의 특강에서는 놀이보다는 가르치고 배우는 걸 주로 합니다.

리더십 캠프 특강을 위해 어디에서 어떤 강사를 모셔야 할지 담당교사는 난감합니다. 이때 가장 좋은 방법(학생자치회 뿐만 아니라 다른 업무를 맡더라도 담당 업무를 하다가 어떻게 해야 할지 모를 때는 이 방법으로 다 하고 있습니다.)은 이전 학생자치회 업무 파일을 찾아보는 것입니다. 리더십 캠프 계획과 함께 특강 강사의 이름과 연락처를 찾을 수 있습니다. 품의 서식을 살피면 특강 내용도 살필 수 있습니다. 이제껏 특강을 맡는 강사는 학교

밖에서 찾았습니다. '초등자치' 밴드 운영진은 이 점에 아쉬움을 느꼈습니다. 학교와 학생, 무엇보다 학생자치회를 아는 학교 선생님이 특강을 하는 것이 가장 좋다고 생각했습니다. 그래서 밴드 운영진은 일부러 시간을 내어 리더십 캠프 특강을 신청 받아 직접 나서기도 하면서 이렇게 말했습니다. "선생님, 가장 좋은 방법은 선생님께서 직접 하시는 것이에요." 물론 이렇게 말씀드리지만 그게 쉬운 건 아닙니다.

리더십 캠프로 강사를 모실 때 몇 가지 준비할 것을 말하자면, 강사에게 어떤 내용으로 강의하는지 알아볼 필요가 있습니다. 이때 우리 학교,

'초등자치' 밴드의 강사 요청 안내

- 강사 신청: 학생자치회 리더십 캠프
- 강의 시간: 1시간 또는 2시간
- 강의 내용: 1시간(리더십, 학생자치란, 학교학생자치회), 2시간(리더십, 학생자치란, 학급학생자치회, 학교학생자치회, 우리 학교 계획)
- 강사: '초등자치' 밴드 운영진(학생자치회 경험이 있습니다. 강의 경험도 있습니다.)
- 강사를 꾸린 까닭은, 리더십 캠프가 중요하기 때문이에요. 이 소중한 시간에 학생자치 경험이 있으신 학교 선생님들이 학생들에게 필요한 내용을 더 잘 말해줄 수 있다고 생각했어요. 주말에 만나 함께 공부하며 준비했어요.

우리 학생들에게 필요한 내용을 이야기해줄 것을 부탁할 수도 있습니다. 이때 강사에게 사전에 준비할 것과 그날 특강을 위해 필요한 시설(학생 또는 학교 준비물, 시설, 장소 등)을 확인해야 합니다. 강사 특강비는 행정실에 문의하는 게 가장 빠르고 정확합니다. 보통은 강의료에 원고료를 더하니 원고를 받아야 하며 그 양식이나 파일 형식, 장수에 대해 강사에게 미리 알려주어야 합니다. 강사 카드도 받아야 하며 교사가 아니라면 더받아야 하는 서류(신분증 사본, 통장 사본 등)도 있어야 합니다. 강사비 지급기준이 있으니 행정실에 확인하는 절차를 거치는 것을 권합니다.

리더십 캠프 특강 내용 구성하기

1. 학생자치란 무엇인가?
   가. 자치: 스스로 다스림
   나. 학생자치: 학생 관련해 학급, 학교에서 스스로 다스림
   다. 리더: 리더는 함께하며 이끈다.

2. 학급학생자치회
   가. 학급임원 선거
   나. 학급회의(좋-아-비)

3. 학생자치회
   가. 전교 임원 선거
   나. 전교회의
   다. 행사(우리 학교는 무엇을 할까?)

무엇을 준비해야 하나?

예산

리더십 캠프 예산은 학생 한 명에 만 원 정도를 책정하면 됩니다. 학기마다 해서 두 번 한다면 학생 한 명에 2만 원 꼴입니다. 보통 리더십 캠프는 희망하는 학생들이 참여합니다. 이때 기념품과 간식비는 참가하는 학생 수에 맞게 준비하기에 참가하지 않는 학생 예산을 참가한 학생으로 돌리면 학생 한 명에 만 원보다는 더 쓸 수 있습니다.

연번	내용	산출내역	금액
1	기념품 – 수첩	5,000원X30개	150,000원
2	기념품 – 볼펜	3,000원X30개	90,000원
3	포스트잇(작은 것)	2,000원X10개	20,000원
4	간식비(빵+음료)	3,000원X30개	90,000원
계			350,000원

기념품

앞서 말했듯 리더십 캠프는 희망하는 학생들이 참여하는 게 보통입니다. 학생자치회를 할 때 여러 어려움 중에서도 가장 큰 어려움은 학생자치회 학생들이 무척 바쁘다는 것입니다. 이렇게 바쁜 학생들이 오후에 몇 시간을 내서 모두 모인다는 게 생각보다 어렵습니다. 학생자치회 활동을 하려는 학생들인데 이런 시간도 낼 수 없으니 슬프지만 그럴 수밖에 없는 처지임을 알기에 강요하지도 못합니다. 다만 참가한 학생들에게는 기념품이 있다고 처음부터 안내합니다. 우리 학생들이 이런 기념품에 혹하지는 않을 테지만 솔깃한 정보가 될 수도 있습니다.

3장. 함께 내딛기 학생자치회 꾸리고 운영하기

기념품			
수첩	텀블러	볼펜	USB
일정 관리표	충전기	담요	문구세트
휴대용 기기(선풍기)	보드게임	책(학급회의 더하기)	학생 의견 반영

가정통신문

학생자치회 리더십 캠프 계획서를 기안합니다. 계획서는 이전 학년도에 쓰던 것을 다시 쓰는 게 가장 무난합니다. 다른 학교에서 쓰는 양식을 가져와 수정해서 만들어도 됩니다. 이때 계획서에는 앞서 살핀 여러 내용을 담고, 여기에 가정통신문을 함께 담습니다. 가정통신문에는 학부모에게 드리는 인사말, 리더십 캠프를 하는 까닭, 행사 일정 안내, 참가신청서 등을 씁니다. 의무이든 희망이든 참가 학생들의 신청서를 받아둡니다.

학부모님, 안녕하십니까?

언제나 우리 학생들의 '행복한 학교생활과 더 나은 ○○초등학교의 발전'을 위해 학부모님께서 보내주시는 아낌없는 관심과 성원에 고마운 마음을 전합니다.

20**학년도 제*학기 전교학생자치회 임원들이 학생 투표로 당선되어 활동하고 있습니다. 전교학생자치회 임원들은 ○○ 어린이들의 행복한 학교생활을 위해 여러 활동을 하고 있습니다. 이에 함께 힘을 모아야 할 전교학생자치회가 되기 위한 시간을 갖습니다. 함께 밥해 먹고, 공동체 놀이하며, 이야기 나누는 시간을 갖습니다. 이 시간이 [전교학생자치회 리더십 캠프]입니다.

수요일 오후에 시작해 5시에 마치는 일정입니다. 바쁜 학생들이지만 참여할 수 있도록 배려를 부탁드리며, 함께하는 시간 동안 안전하고 즐거운 시간이 되도록 잘 준비하겠습니다.

고맙습니다.

- ◉ 여는 날: 20○○년 ○월 ○일(수) 14:00~17:00
- ◉ 여는 곳: 학생자치회실, 시청각실
- ◉ 학교에서는 참가 학생들에게 줄 기념품을 준비합니다.
- ◉ 어울림 잔치 시간 계획

날짜	시간	진행 교사	내용
○.○.(수)	14:00~14:30	본교 □□□선생님 (학생자치회)	인원 확인 개회식 안내, 마음 열기(간단한 놀이)
	14:30~15:30		리더십 캠프 특강
	15:30~16:30		전교학생자치회 활동을 위한 이야기 나누기
	16:30~17:00		기념품, 사진, 귀가

20__년 _월 _일
○○초등학교장

------------------------- 자르는 선 -------------------------

제__학년 ____반 이름_____ 보호자 확인 : (인)

전교학생자치회 리더십 캠프 (참가하는 학생은 ○표)	참가함	연락처	
		학생	
		학부모	

○○초등학교장 귀하

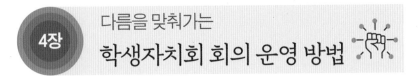

학생자치회 회의에서는 어떤 내용을 이야기하나요?

학생자치회 회의에서 학생들이 이야기하는 내용이 정해져 있진 않습니다. 학생들의 학교생활 속, 삶의 경험은 개인마다 다르기 때문입니다. 그러나 학생들의 학교생활과 관련된 내용이 주를 이루기에 이를 분류해보면 친교 활동, 기념일 등 '행사 중심 내용'과 약속, 규칙 등 '협의 중심 내용' 그리고 '건의 사항 중심 내용'으로 나누어볼 수 있습니다. 이러한 내용으로 서로의 다른 생각을, 다른 상황을, 다른 요구를 듣고 이해하며 맞춰가는 것이 학생자치회 회의의 과정입니다.

행사 중심 내용

월별로 행사를 정하는 학생자치회 회의 사전 안건이 안내된 후, 학급 임원 간 대화를 나누던 중 한 학생이 "6월에는 내 생일인데, 또 6·25 전쟁과 나라를 생각하는 마음에 관해서만 이야기가 나오겠다." 하고 작은 목소리로 말했습니다. 그 이야기를 한 학생이 귀담아들었나 봅니다. 월별 행사를 어떻게 해볼까라는 주제로 회의를 하던 중 그 학생이 이런 제안을 합니다.

"달마다 기념일로 학생자치회 행사를 만들어갈 수 있지만, 제 친구는 생일이 6월 25일이라 생일 때마다 교실에서 전쟁 관련 글쓰기를 했다고 합니다. 그날 친구들에게 축하를 받아본 적이 없다고 합니다. 그 친구만을 위한 생일 축하는 못 해주지만 학교에서 서로를 위해서 생일을 축하해줄 수 있었으면 좋겠습니다."

이 제안으로 많은 이야기가 오가게 되었습니다. 그리고 학생들의 생일을 축하해주기 위해서 임원들은 전교생 420명의 생일을 조사하였습니다. 예쁜 마음으로 선생님들 생일까지 조사해 갔습니다. 그래서 방송부 학생들과 이야기해서 생일을 축하해주는 방송 코너를 개설하고, 월별로 학생들이 사진을 찍을 수 있는 포토존을 만들었으며, 급식실에서는 한 달에 한 번 미역국과 생일떡을 준비하게 되었습니다.

우리가 흔히 학생자치회 중심 행사를 기획하게 되면 틀에 갇혀 생각을 다양하게 펼치지 못하는 경우가 있습니다. 학생들끼리 대화가 원활

생일 조사하기   생일 축하 포토존

하게 되지 않을 시, 지도 교사의 발문이나 다른 학교의 사례를 제시함으로 생각을 확장시켜줄 수도 있습니다. 그런데 이는 자칫 학생들의 상상력을 막고, 자신의 삶과 연계되지 않은 행사를 하게 되기도 합니다.

그러니 학생들이 관계를 확장시키고, 민주시민으로 성장할 수 있는 다양한 행사가 진행될 수 있도록 학생 개개인의 삶을 들여다볼 기회를 주어야 합니다. 그 방법으로는 자신의 일과 공유하기, 우리 학교의 1년 학사일정을 보면서 학생자치회 일정을 1년 단위 달력으로 작성해보기 등이 있습니다.

협의 중심 내용

'복도에서 뛰지 맙시다', '학교에서 쓰레기를 버리지 맙시다' 등은 학생자치회에서 자주 나오는 이야기입니다. 학생생활협약, 학교에서 지켜야 하는 규칙 등 학생들은 자신들의 행동에 관한 의무와 권리를 중요하게 생각할 줄 압니다. 자발적으로 한 약속과 규칙은 잘 지키며 자신들의 행동을 제한하는 약속이나 규칙으로 생각하지 않습니다. 똑같은 약속과 규칙도 교사나 다른 사람이 먼저 제시하면 불편해합니다. 협의 중심의 학생자치회 회의는 학생들이 자신의 권리와 의무에 대해서 더욱 깊게 살펴볼 기회가 됩니다.

그런데 약속과 규칙을 다루는 내용으로 매 회의를 진행하게 된다면 '합시다'라는 생산적인 활동, 창출해내는 활동보다 '하지 맙시다'라는 소극적인 활동으로 전개되기도 합니다. 그래서 학생들과 협의 중심의

학교폭력 '하지 맙시다' 안내판   음식물 쓰레기 줄이기 '해야 합니다' 포스터

내용을 다룰 때 '어떻게', '왜'라는 질문을 서로 주고받을 수 있도록 교사가 이끌어야 합니다. 그리고 '누가'라는 주체에 대한 인식이 동반되어 협의 중심의 내용이라 할지라도 추후에 실천과 되돌아보기를 통해 삶과 연계될 수 있어야 합니다.

운동장에서 놀던 중 깨진 소주병을 발견한 학생들은 깜짝 놀랐습니다. 이를 해결하기 위해서 회의를 했는데 학생들은 크게 두 가지 방향으로 대화를 이어갔습니다.

"나온 쓰레기의 대부분은 우리 학교 학생들이 버린 과자 쓰레기입니다. 그러니 우리 학교에서 쓰레기를 버리지 맙시다."

"우리 학교 학생들은 등교할 때, 쓰레기를 가지고 오지 않습니다. 이건 우리 학교 학생들이 아니라 다른 사람들이 버린 것입니다."

서로 다른 관점의 대화가 오고 갔습니다. 그때 이런 이야기가 나왔습니다.

"그런데 왜 학교에 있던 고무쓰레기통이 보이지 않는지 모르겠습니

버터와플 과자 봉지
퓨퓨바 빠삐코 껍질
좋은친구들 슬러쉬 종이컵
맘스터치 봉지/비닐
서울우유 갑
맘스터치 사이버거 먹고 버린 종이
아슈크림 메로나 껍질
과자 쫄병 매콤한맛 봉지
아슈크림 죠스바 껍질
츕팝츕스 껍질
삼각김밥 껍질

진로 소주병, 투명 유리병, 양말, 남은 옥수수 수염차, 남은 맥주, 남은 킨더조이, 남은 아이스크림, 시후가 버린 아이스크림 쓰레기, 남은 환타, 고무, 핫팩, 꼬치

쿠엔크 아이스크림,환타,펩시콜라,좋은 친구들 빨대,2%,옥수수 수염차,파워에이드,샌드위치 껍질,시후가 버린 쓰레기,이클립스,로봇과학 부품,킨더조이,cass캔,곤약젤리 뚜껑,웰치캔,플라스틱 빗,틱톡젤리 껍질

발견한 쓰레기를 분류하는 모습　　　　　발견한 쓰레기의 종류

다. 쓰레기통이 없으니 사람들이 쓰레기를 버리는 것 같습니다. 쓰레기통을 만들어서 해결하면 좋겠습니다."

"제가 버린 쓰레기도 저기 있습니다."

그 뒤 학생들은 직접 실천할 수 있는 것과 함께, 학교 밖의 다른 사람의 행동은 바꿀 수 없으니 어떻게 그들이 쓰레기를 학교에 버리지 않게 할지에 대해 이야기를 나누었습니다. 즉, 학생들과 교장선생님 그리고 지역 사람들, 주변 중고등학교에 알릴 내용과 우리가 해결할 실천에 대한 내용입니다.

학생들은 플로깅 캠페인을 했습니다. 여기서 플로깅이란 쓰레기를 치우면서 건강도 지키는 활동입니다. 학생들은 단지 문제를 고발하는 것으로 끝내지 않고 함께할 일을 제안했습니다. 또한 지역 마켓에 자신들이 쓰레기 사진으로 만든 빨주노초파남보 무지개 작품을 공개했습니

플로깅하는 모습   플로깅 활동 영상 제안

다. 이러한 캠페인 활동 이외에, 학급학생자치회 회의에서 나온 안건을 학생자치회에 상정하였습니다. 바로 학교 안 쓰레기통 설치에 관한 안건이었습니다.

'어떻게'와 '왜'라는 질문은 교사가 던질 수도 있지만 학생들이 이야기하는 과정에서 충분히 나올 수 있습니다. 학생들은 자신들이 실제로 할 수 있는 것과 도움이 필요한 것을 구분하는 모습을 보였지만 결국, '누가'의 주체는 자기 자신임을 찾아가는 모습을 보였습니다. 민주시민은 다른 사람에게 행동을 요구하는 협의만을 하지 않고 자신의 행동을 되돌아보며 실천해야 한다는 점을 서로 배워나갑니다.

건의 사항 중심 내용

'바꿔주세요', '해주세요', '그렇게 되면 좋겠습니다' 등 안건에 대한 대화가 시작되면 조용하던 친구도 목소리를 내는 경우가 있습니다. 건의 사항에 나온 이야기들을 어느 정도 분류해보면 큰 안건 하나가 되는

통보형	건의형	협의형	교사 지원형	독립형
운영과 관련한 의사 결정 권한을 교사가 전적으로 가지며, 학생은 결정된 사항을 통보받고 그에 따른 형태로 학생이 참여하는 유형	학생이 불편 사항, 개선사항 등을 학교에 건의하면 학생의 건의를 받아들일지 여부를 교사 간 협의를 거쳐 결정하는 유형	교사와 학생이 주어진 의제에 대해 상호소통을 통해 의사 결정을 하고, 그 결과에 대해 공동으로 책임을 지는 참여 유형	학생이 주도적으로 의사 결정 권한을 행사하지만, 학생의 요청 등이 있을 때에 한하여 교사의 지원이 주어지는 형태의 학생 참여 유형	교사의 참여가 완전히 배제된 상황에서 학생 스스로가 의사 결정을 하는 학생 참여 유형
교사주도 ◄◄◄				▶▶▶ 학생주도

경우가 있습니다. 학생들이 무엇인가 불편을 느끼고 바꿔보려는 목소리이므로 경청하고 존중해주어야 합니다.

앤더슨의 의사 결정 과정과《학교, 민주시민교육을 만나다》(김성천 외, 맘에드림, 2019)의 의사 결정 과정을 살펴보면, 건의 사항 중심은 학생주도의 회의로 가기 위해 학생들이 성장하고 있다는 긍정적인 신호임은 분명합니다. 그런데 이때 요청을 넘어서 학생들이 할 수 있는 것, 건의하는 까닭 등을 함께 생각해보면서 해결책을 타인에게 맡기기보다 스스로 할 수 있는 것을 찾아보는 관점도 함께 제시해주어야 합니다. 학교 하나가 바뀐다고 우리가 사는 전체 세상이 달라지진 않겠지만, 그 학교를 다니는 학생들의 세상, 삶은 바뀔 것입니다.

이때 결정하고 행동한 것을 기록으로 남기고 그 기록을 다른 사람과 공유하는 것은 학생들에게 또 다른 의미를 선사합니다.

학생들과 함께 집, 학교, 지역사회, 국가, 세계에서 학생들이 바꾸고 싶은 것을 모아보았습니다. 한 친구는 집에서 개를 36마리나 키우는 것을 바꾸고 싶다고 했습니다. 그 문제를 가지고 부모님과 대화를 했다고 합니다. 부모님께서는 개를 키워서 사람들에게 분양하는 일을 하고 계셨습니다. 생계가 달린 일이어서 안 키우기는 어렵다고 하셨습니다. 그 친구는 개가 싫은 것은 아닌데, 집으로 들어가는 바로 옆에 개들이 있어서 소란스러운 그 순간이 싫다고 부모님께 자신의 의견을 말했습니다. 그래서 가족회의 결과 집의 이동 통로를 뒤쪽으로 바꾸었다고 합니다.

학생들은 집에서, 학교에서 사소한 것이라도 의사 결정하고 그 변화를 경험하고 반복적으로 연습하는 것이 필요합니다. 그 경험들은 쌓이고 쌓여서 민주시민으로 살아가는 능력을 길러줄 수 있다고 생각합니다.

바꾸고 싶은 것 의견 모음

바꾸고 싶은 것을 주제로
책 출간

학생자치회 회의 방법

학생자치회 회의 일정

요즘 학생들 간의 일정을 맞추어 시간을 확보하는 것은 정말 쉽지 않습니다. 안정적 시간의 확보는 학생자치회 활동이 활성화되는데 현실적으로 매우 중요한 요인입니다. 학생자치회 협의는 지속적, 안정적으로 운영해야 의미 있고 다양한 활동들로 확장되어 가는 것을 확인할 수 있습니다. 중간놀이나 방과후 시간을 활용하여 학생들 스스로 자발적으로 참여해 취지에 맞게 운영되면 정말 좋겠지요. 그런데 실상 대규모 학교에서는 시간 확보의 현실적 어려움이 큽니다. 그러니 학년이나 학급 등 적절한 단위로 나누어 학교 실정에 맞는 보다 세세한 계획이 필요합니다.

첫 번째는 교육과정 시수로 배정하는 방법입니다. 학생생활규정 개정, 공동체생활협약, 학교생활 속 문제 협의, 행사 추진, 다양한 문화 활동에 학생들이 주체적으로 참여할 수 있도록 학생자치회 운영 시간을 정규교육과정 시간으로 확보하는 방법입니다. 주 1시간, 최소 격주 1시간 정도의 시수 확보로 안정적이고 지속적인 활동이 이루어질 때, 학생들의 자발성과 자율성이 높아집니다. 각종 생활 안전 교육이나 범교과 교육이 교과와 통합하여 편성, 운영되면 실질적 자치활동 시간을 보장할 수 있습니다.

다음은 창의적 체험활동 교육과정 시수로 배정한 예시입니다. 작은 학교에서 다모임 중심으로 학생자치회 활동이 이루어지는 예시입니다.

영역		1-2학년				3-4학년군				5-6학년군			
		1학년		2학년		3학년		4학년		5학년		6학년	
		1	2	1	2	1	2	1	2	1	2	1	2
자율 활동	자치, 적응활동	88	20	20	20	20	20	20	20	20	20	20	20
	학생자치 중심 행사활동	5	8	5	8	5	8	5	8	5	8	5	8

다모임을 통해 학생이 주도하는 학교 행사 결합형입니다.

큰 규모의 학교에서는 학급학생자치활동과 학생자치활동이 연결될 수 있는 시간 확보가 필요합니다. 학급학생자치회, 학생자치회, 다모임이 혼합되는 형태라고 생각하면 됩니다. 학생 중심 학교 문화 정착을 위해 1~6학년을 대상으로 학급임원 중심의 학생회를 조직 운영하며 전교생이 함께하는 다모임 또한 운영하는 방법입니다.

영역		세부 영역	1-2학년				3-4학년군				5-6학년군			
			1학년		2학년		3학년		4학년		5학년		6학년	
			1	2	1	2	1	2	1	2	1	2	1	2
자율 활동	자치 활동	임원 선거 및 학급회의	4	4	4	4	4	4	4	4	4	4	5	5
		학생자치 전체모임	2	3	2	3	4	3	4	3	4	3	4	3
		학생자치회 중심 의식행사	2	4	2	4	2	4	2	4	2	5	2	5

두 번째는 틈새 시간을 확보하는 방법입니다. 학생들의 자율적 활동은 활동하지 않을 자유도 함께 보장되어야 합니다. 따라서 정규교육과정 시간보다는 틈새시간을 만들어 운영하는 것이 좋습니다. 중간놀이 시간을 확보하여, 방과후 없는 날을 자치의 날로 지정하여 시간을 확보할 수도 있습니다. 단, 방과후 프로그램 활동처럼 자치활동이 운영되지 않도록 주의해야 합니다.

이러한 방법 이외에 학생자치회에서 저녁 시간에 비대면 상황으로 회의하자고 결정한다면 그 부분도 존중해야 합니다. 코로나 상황으로 저녁 시간에 회의를 진행한 현장의 사례들이 있습니다. 이러한 상황뿐만 아니라 미래 자치활동의 모습은 시간과 공간을 뛰어넘어 진행될 수 있다는 학생들의 목소리가 반영된 부분이라고 할 수 있습니다. 우리는 긍정적으로 자치를 하고자 하는 학생들의 모습을 존중하고 신뢰해야 합니다.

학생자치회 회의 과정

"회의 결정은 다수결만 따르면 되잖아요. 왜 이렇게 오래 이야기를 해요."

"내가 이야기할래, 내가."

학생자치회 회의하는 과정에서 고민되는 지점이 있을 겁니다. 바로 학생들의 원활한 소통을 위해서 형식에 구애받지 않고 회의를 해야 한다는 생각과 그래도 절차를 따라서 회의를 해야 한다는 생각이 있을 겁니다. 학생들은 당연히 처음에는 형식 없이 이야기할 때, 편하게 이야기하게 됩니다. 그러나 이러한 대화는 회의라기보다 자칫 대화, 수다로 전개되어버립니다. 더욱이 비대면 회의 상황에서는 원칙 없이 이야기하게 되면 소리 겹침 현상이 생기고, 누가 발언하고 있는지 정확하게 알 수 없어서 혼란스러운 상황이 되어버립니다.

자유롭게 이야기할 수 있는 분위기를 조성하되, 회의의 절차와 과정은 분명 있어야 합니다. 또한, 민주적인 절차로 다수결의 원칙이 중요하지만 그 밖에 다른 원칙들에 대해서 학생들과 이야기하며 회의를 하는 까닭을 함께 꼭 이야기해야 합니다.

회의 원칙

전라북도교육청 학생인권교육센터에서 발행한 〈초등학생자치설명서〉에 작성된 내용을 학생 수준에 맞게 변경하여 오른쪽에 제시해보았습니다.

이러한 보편적인 원칙이 있지만, 학생들이 우리 학생자치회만의 회의 원칙을 따로 세우는 것을 추천합니다. 그렇게 만든 원칙을 회의 전에 다 같이 떠올려보는 시간을 가진다거나, 특정 장소에 게시하여 눈에 익도록 한다면 더욱 좋겠지요.

회의규칙을 보면 '그래! 우리는 회의에서 이런 것을 소중하게 생각하기로 했었지!'라는 것이 잘 드러나 있습니다. 스스로 만든 회의규칙은 학생들에게 심리적인 안정을 줍니다. 또한 갈등을 사전에 예방해주기도 합니다. 한 학생이 상대방의 이야기를 중간에 끊고 이야기할 때 "그러면 안 됩니다."라고 이야기하는 것보다 "우리 회의규칙은 이야기를 끝까지 듣고 이야기하는 것입니다. 먼저 다른 학생의 이야기를 들은 다음에 이야기하면 어떨까요?"라고 말할 수 있는 근거가 됩니다. 회의규칙을 통해 우리 학생자치회는 약속된 회의를 추구한다는 또 하나의 의미를 만들 수 있는 것입니다.

원칙	내용
회의 공개의 원칙	"오늘 회의에 참석한 사람들끼리만 회의 내용을 알고 있자!" 잠깐! 회의는 원칙적으로 모든 사람에게 공개되어야 해요.
정족수의 원칙	"학원 간다는 친구들은 회의에 오지 못했어요." 회의에서 의안을 심의하고 의결하기 위해서는 일정수 이상의 참석자가 필요해요. 이때, 의사정족수는 회의 성립 시 필요한 최소의 수이고, 의결정족수는 회의에서 의사를 결정하는 데 필요한 구성원의 출석수입니다.
발언자유의 원칙	"그건 아니지, 그만 말해." 이런 발언은 하여, 다른 사람의 말을 끊는 행동은 회의 원칙에 어긋나요. 누구나 어떠한 간섭도 받지 않고 스스로 생각하고 판단해서 자유롭게 표현할 수 있어야 합니다. 하지만 의장의 허락 없이 발언하거나 회의 진행을 방해하는 발언을 해서는 안 됩니다.
폭력배제의 원칙	자신의 의견대로 되지 않는다고 책상을 강하게 내리치거나 째려보는 행동은 누군가에게는 폭력이 될 수 있어요. 회의에서는 어떠한 폭력도 허용되지 않습니다. 신체적 폭력이나 언어적 폭력 모두요.
의원평등의 원칙	"6학년 학생이니 4학년 학생보다 발언할 기회를 더 많이 주면 좋겠습니다." 잠깐! 모든 의원은 누구나 똑같은 책임을 갖기 때문에 평등하게 대우받아야 합니다.
소수의견의 존중	다수결의 원칙이 의사 결정의 절대 원칙은 아닙니다. 소수의 의견을 존중하기 위해 의사 결정 전에 충분한 토의과정이 필요합니다.
과반수 또는 다수결 원칙	회의에서 하나의 의안이 가결되기 위해서는 다수결에 따라야 합니다.
1의제의 원칙	회의에서는 한 번에 한 의제만을 상정하여 다루어야 합니다. 의장이 한 의제를 상정하기로 선언한 다음에는 토의와 표결이 결정될 때까지 다른 의제를 상정할 수 없습니다.
일사부재의 원칙	"조금 전에 제대로 못 들어서, 의견을 제대로 내지 못했는데 다시 회의하면 좋겠습니다." 아쉽지만, 회의에서 한 번 부결된 안건은 같은 회의 중에 다시 상정할 수 없습니다.
1회 1인 발언의 원칙	회의에서 한 사람씩 의장에게 발언권을 얻어 발언하여야 합니다. 찬성과 반대 토론의 경우 의장은 찬성과 반대 양측이 번갈아 발언하도록 발언권을 주는 게 바람직합니다.

회의 과정

회의라고 하면 선생님이나 학생들에게는 괜히 무거운 느낌이 듭니다. 뭔가 형식을 갖춰서 이야기해야 할 것 같은 부담이 생깁니다. 그런데 형식은 내용보다 중요하지는 않다고 생각합니다. 다른 사람과 의견을 나누면서 자신의 생각을 연결시키고 확장시키며 합의에 이르는 과정이 중요합니다.

회의 시 학생들과 이야기 나누는 과정을 살펴보면, '좋-아-바'의 과정으로 이야기가 진행되는 것을 볼 수 있습니다. '좋'라는 글자는 '좋아요'의 첫 글자인 '좋'입니다. '아'라는 글자는 '아쉬워요'의 첫 글자인 '아'입니다. '바'라는 글자는 '바라요'의 첫 글자인 '바'입니다.

학생들은 어떠한 상황에 있어서 좋은 점을 이야기하거나 뭔가 바꾸고 싶고 불편해서 아쉬웠던 점을 이야기합니다. 거기에서 더 나아가서 원하고 바라는 점을 이야기하기도 합니다. 회의의 형식적인 과정을 이야기하기 전 '좋-아-바' 과정을 이야기하는 까닭은, 절차에 갇혀서 학생들이 말문을 열지 못하는 일이 없도록 하기 위해서입니다. 서로의 생각을 편안하게 이야기할 수 있게 도와주는 가이드가 바로 '발언할 때 좋, 아, 바를 고려하는 것'입니다.

자유롭게 이야기하지만 공식적인 대화이므로 절차는 당연히 필요합니다. 부산광역시, 경기도교육청, 전라남도교육청, 전라남도교육청 개발 보급한 〈학생자치 길라잡이〉를 보면, 용어, 단계에 있어서 조금의 차이는 있으나 공통적으로 이야기하는 일반적인 대의원회의 진행과정 절

개회 선언	회의가 시작함을 알립니다. 국기에 대한 경례, 애국가 제창을 할 수 있습니다.
회장 인사	인사말을 합니다. 인사말에는 최근 학생들의 관심사, 중요한 학생회 일, 학생회를 믿고 협조한 대의원 활동에 대한 고마운 마음 전달 등이 있습니다. 이때, 모든 학생들이 안건 해결을 위해 자연스런 분위기 속에서 적극 참여하도록 분위기를 조성하면서 인사말을 합니다.
보고	실천 결과, 기타 사항을 보고합니다. 서기는 지난 회의록을 보고합니다. 보고된 회의록은 수정 여부를 확인하여 승인합니다. 즉, 지난 회의에서 결의된 사항에 대하여 관련된 부서장, 담당자는 반성을 포함하여 평가 차원의 보고를 합니다. 필요 시 의장이 다수의 동의를 받아 간략히 구두 보고하거나 유인물로 대체할 수 있습니다.
안건 보고 및 채택	학생회, 대의원회에서 채택된 안건을 이야기합니다. 1년 또는 학기별 학생자치회 연간 계획에 의거해서 안건을 제시하기도 합니다. 임원들로부터 안건 동의가 있으면 재청을 받아 채택합니다. 안건 제안자의 설명을 듣습니다. 제안자는 안건의 중요성과 안건과 관련된 실태, 바라는 바 등을 설명합니다. 이때, 제안자는 찬성, 반대 입장을 고려하여 설명하는 것이 바람직합니다. 만약 학교에서 선생님, 학부모회 등이 제시한 안건일 경우 해당 학생회 부서장 혹은 회장이 제안을 설명합니다. 안건은 절실한 것을 우선 순위에 두고, 실천 가능한 것을 채택하도록 합니다. 이때, 채택되지 못한 안건은 기타 토의나 건의 사항으로 분류하여 논의할 수 있습니다.
안건 심의	안건에 대해 토론합니다. 서로 충분히 의견을 드러내고 판단할 수 있도록 충분한 시간과 찬반 간에 평등한 발언의 기회를 주어야 합니다. 그리고 자료가 부족하여 결정이 어려울 경우에는 잠시 사실을 확인하거나, 자리를 함께한 선생님께 자문을 구한 다음 진행할 수 있습니다. 표결은 안건에 따라서 참석한 임원들에게 의사를 물어 거수, 기립, 비밀투표 등으로 다양하게 진행할 수 있습니다.
기타토의	안건과 관련되지 않은 내용이나 시급히 토의할 사항을 이때 정리할 수 있습니다. 또 학생들끼리 해결하기 어렵거나 도움이 필요한 경우 담당교사와 학교장에게 보고할 수 있도록 합니다.
회의록 보고	결의된 사항을 읽습니다.
도움말 교가 제창	지도교사가 회의 진행, 의사 결정 방법, 기타 사항에 대해 도움말을 할 수 있습니다. 교가 제창을 할 수 있습니다.
폐회 선언	회의를 마칩니다.

차가 있습니다.

자치회의는 개회 선언, 국민의례, 회장 인사, 보고, 안건 보고, 채택, 안건 심의, 기타 토의, 건의, 회의록 낭독, 도움말, 교가 제창, 폐회 선언으로 구성됩니다.

이러한 절차에서 학생자치회 활동을 위한 꼭 필요한 과정을 학생들이 이해하기 쉽게 조금 더 풀어서 실제적으로 제시하자면 다음과 같습니다.

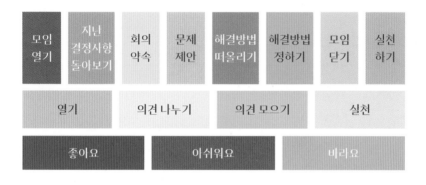

'모임 열기'에서는 간단한 놀이나 대화로 시작합니다. '지난 결정사항 돌아보기'에서는 지난번 회의 때 결정된 내용이 잘 지켜지고 있는지 확인합니다. '회의 약속'에서는 회의에서 지켜야 할 우리들의 약속을 다시 떠올려봅니다. '문제 제안하기' 단계에서는 우리가 이야기할 문제를 명확하게 합니다. '해결방법 떠올리기'에서는 다양한 해결방법을 나눕니다. '해결방법 정하기'에서는 최종 결정을 합니다. '모임 닫기'에서는 오늘 회의한 소감을 나눕니다.

사실 절차에 따라 회의를 진행하는 것이 중요한 건 아닙니다. 실천하고 행동하는 마지막 과정이 살아 있는 자치활동의 모습이지요. 아무리 회의를 절차에 따라 잘했다 하더라도 주인 의식을 갖지 않고, 스스로 행동하지 않으면 앞선 과정들이 의미 없는 과정이 될 수 있습니다. 이 부분을 학생들에게 꼭 이야기해주어야 합니다.

학생자치회 회의 결과 공유 방법

구두로 학생자치회 회의 결과를 공유할 수 있습니다. 이 경우 학급 대표가 이야기로 풀어서 내용을 전달하기 때문에 학생들은 자기들이 쓰는 편한 말로 회의 내용을 전달받을 수 있습니다. 그런데 자칫 전달자의 능력에 따라 회의 결과가 정확하게 전달되지 않는 경우가 생깁니다. 그럴 때 학생자치회 회의록을 게시판에 공유하거나 읽어주는 방법이 있습니다.

내용 정리에 대한 부담은 있으나, 학생들이 가장 좋아하는 방법은 학생자치회 활동에 관한 내용을 온라인 뉴스로 만들어 빠르게 결과를 공유하는 것입니다. 내용은 자치활동 사례 홍보, 학교소식 안내, 공지사항 알림 등으로 구성할 수 있습니다.

학생자치회의 회의 결과와 활동 내용을 공유하는 것은 학생들에게만 필요한 일은 아닙니다. 온라인 뉴스를 만들고 배포할 때는 교육공동체 전체에게 공유하는 것이 좋습니다.

제 5 회 어깨동무모임 결과

2019. 10. 14.(월), 실진르

□ 학생회 공약사항 이행
- 화장실 방향제 설치 완료
- 양심 우산 제도 (비 오는날 점심시간 ,3 시 이후)
□ 이번달 생활계획

한글 사랑하기

□ 실천사항
- 받아쓰기 연습하기
- 외래어 ,외국어 ,줄임말 사용 줄이기
□ 부서별 실천계획

환경봉사부	한글 환경 꾸미기 대회
자율동아리부	영상제작부와 함께 바른 말 사용 캠페인 동영상 제작
행사기획부	한글 사랑 십자말풀이 행사
규칙 지킴이부	매주 목요일 바른 언어 사용 캠페인

□ 기타토의 및 건의사항
-운동장 축구 골대 그물 교체 , 후관 3 층 식수대 설치

회의록 게시

온라인 뉴스

회의를 여는 공동체 놀이

회의 절차에 따라 바로 회의를 시작하게 되면 마음이 아직 연결되지 않는 상황에서 대화가 진행되기 어려울 때가 있습니다. 한번 서로 눈을 마주치고, 웃을 수 있는 시간이 필요합니다. 그때, 활용할 수 있는 놀이를 몇 가지 안내합니다. 비대면 상황이나 대면 상황에서 모두 활용할 수 있는 놀이입니다.

손가락 접어! 놀이

이미지 놀이는 서로의 다름과 같음을 알아갈 수 있는 놀이입니다.

① 이미지 놀이의 주제를 정합니다. 특정한 상태나 외모, 감정 등 다

양한 주제로 풀어갈 수 있습니다.

② 놀이가 시작되면 놀이 참가자 전원이 다섯 손가락 또는 열 손가락을 폅니다.

③ 손가락을 모두 다 접은 사람이 나올 때까지 차례대로 이야기합니다. "이번 주에 복도에서 뛰어본 사람 손가락 접어주세요."

④ 손가락을 모두 다 접은 사람이 나오면 "지금부터 행복한 학교생활을 위한 학생자치회 회의를 시작하도록 하겠습니다."라며 회의를 여는 말을 합니다.

손가락 접어! 놀이

너도? 나도? 우리 우리!

마음을 열고 서로를 알아가면서도 회의와의 연결성을 위해서 다음의 활동이 도움이 됩니다.

① 제시된 낱말을 보고 떠오르는 낱말을 5가지 적습니다. 이때, 제시된 낱말이 회의 안건과 연관성이 있는 단어이면 더욱 좋습니다.

② 한 사람씩 돌아가면서 자신이 적은 낱말 중 한 가지를 말합니다.

③ 자신의 낱말카드에 같은 낱말이 있으면 '우리 우리!'를 외칩니다.

④ 해당 낱말 칸에 공감을 얻은 사람 수 만큼 점수를 적습니다.(3명이 나와 생각이 같다면 3점에다 자기 자신을 포함해서 총 4점.)

너도? 나도? 우리 우리!	
낱말	점수
총점	

너도? 나도? 우리 우리! 놀이표

그림만으로 공감얻기 : 픽셔너리(pictionary)

오직 그림만으로 제시한 단어를 테이블에 함께 앉은 사람들에게 설명해서 맞히는 놀이입니다.

① 4, 5명이 한 테이블에 앉도록 자리를 배치합니다.

② 회의 주제와 연관성 있는 단어를 미리 생각해둡니다.

- 단어는 되도록 쉽게 그림으로 설명할 수 있는 사물과 같은 단어들보다 추상적인 단어일수록 좋습니다.

③ 팀별(학년별, 반별 임원, 부서별 등)로 한 명씩 앞으로 나오게 해서 단어를 보여줍니다.

④ 팀원들은 각자 테이블로 돌아가 팀원들에게 오직 그림으로만 해당 단어를 설명합니다. 이때, 그림에는 숫자나 단어 등을 절대 사용하면 안 됩니다. 당연히 말을 해서도 안 되겠죠?

⑤ 팀원들은 그림을 보면서 작은 소리로 정답을 맞춰갑니다. 그림을 그리는 사람은 만약 정답에 가까워지면 고개를 위아래로 끄덕이고 정답과 너무 멀면 고개를 왼쪽 오른쪽으로 흔들 수 있습니다.

⑥ 그림으로 표현된 단어를 가장 먼저 맞히는 팀이 이깁니다.

⑦ 정답을 맞힌 후에는 각자 그림을 통해서 무엇을 설명하고자 했는지 이야기 나눕니다. 이때, 정답을 맞힌 팀은 회의의 시작을 안내할 기회를 줍니다.

픽서너리_비대면 학생자치회 활동에서는 어떻게 하면 좋을까요?

위의 놀이들을 비대면 상황에서 진행할 때는 알로, 구글 잼보드 등의 도구를 통해 진행할 수 있습니다. 알로와 구글 잼보드의 공통점은 온라인상에 판이 주어진다는 점과 여러 명이 동시에 접속해서 주어진 판을 채워갈 수 있다는 점입니다.

예를 들어 알로를 통해 '그림으로 공감 얻기 놀이' 하는 방법을 설명해보도록 하겠습니다.

① 제시어를 전달받은 학생은 왼쪽 메뉴에서 연필 모양을 클릭하여 판에 제시어와 관련된 그림을 그립니다.

② 다른 참가자들은 실시간으로 그 친구가 그리는 그림을 볼 수 있습니다. 그림을 보면서 오른쪽에 있는 메뉴에서 채팅, 코멘트 기능을 활용해 해당 그림의 단어를 맞춥니다.

의사 결정 방법

아이디어 바구니

아이디어 바구니 활동은 포스트잇과 바구니를 사용하여 진행합니다.

① 4~6명으로 한 모둠을 구성합니다.

② 모둠별 책상마다 아이디어를 적을 포스트잇과 바구니를 둡니다.

③ 제시된 주제에 대한 자신의 생각을 간단히 포스트잇에 적어 바구니에 넣습니다.

④ 바구니 안에 아이디어 포스트잇이 모두 모이면 다음 모둠에게 바구니를 넘깁니다.

⑤ 바구니를 받은 모둠은 그 안에 있는 포스트잇을 꺼내고, 공감하거나 지지하는 아이디어가 적힌 포스트잇에 공감+1이라는 말을 적거나, 새로운 아이디어가 있으면 새로운 포스트잇에 아이디어를 적어 바구니 안에 넣습니다.

⑥ 아이디어 바구니를 모둠별로 모두 돌아가게 한 후, 처음의 바구니가 원래의 모둠으로 돌아오게 되면 바구니 속의 포스트잇을 모두 꺼내어 가장 많이 공감을 받은 아이디어를 칠판에 적고 의견을 모아 결정합니다.

  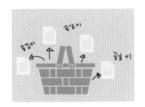

4장. 다름을 맞춰가는 학생자치회 회의 운영 방법

생각을 모으는 질문! 빙고놀이

어떤 문제를 해결하기 위해 다양한 방법을 질문 형태로 서로 대화해 보는 놀이입니다.

① 준비된 포스트잇에 오늘의 문제와 관련한 질문들을 적어봅니다.

- 더 해야 할 것, 줄여야 할 것, 새롭게 해야 할 것, 없애야 할 것 등 다양한 관점에서 질문을 만들 수 있도록 기본 질문을 준비해두는 것도 좋습니다.

② 질문을 6×6 빈 주사위 판 위에 붙입니다.

③ 대형 주사위 또는 작은 주사위를 굴립니다. 첫 번째 굴려서 나온 숫자는 가로의 숫자 칸, 두 번째 굴려서 나온 숫자는 세로의 숫자 칸으로 생각합니다.

④ 가로 숫자, 세로 숫자가 만나는 지점에 있는 질문에 답을 합니다.

⑤ 친구들이 이해할 수 있고 공감할 수 있는 답변을 했을 경우 그 칸

빙고놀이_비대면 학생자치회 활동에서는 어떻게 하면 좋을까요?

실시간 의견수렴과 시각화 디자인 방법 '멘티미터'

멘티미터는 웹사이트에서 상호작용할 수 있는 스마트 도구입니다. 멘티미터에서는 투표, 객관식 설문, 주관식 설문 등을 진행할 수 있습니다. 설문 작성자가 설문을 만들 수 있는 '멘티미터'라는 사이트가 있고 설문에 참여하는 사람이 접속하는 '멘티'라는 사이트가 있습니다.
① 멘티미터(www.mentimeter.com)에서 설문을 작성합니다.
② 설문 표시 방법을 정합니다.
③ 설문 링크나 설문 코드 번호를 참석자들에게 공유합니다.
④ 설문에 참여하는 사람들은 www.menti.com에 접속해서 설문 코드 번호를 넣거나, 공유받은 설문 링크나 QR코드로 접속합니다.

에 자신만의 표시 또는 색을 칠합니다.

⑥ 빙고를 먼저 만든 부서 또는 개인이 이기는 놀이입니다.

[생각을 모으는 질문! 빙고놀이]

◎ 주사위를 던져 첫 번째 숫자는 가로, 두 번째 숫자는 세로로 만나는 지점의 질문에 답하면 됩니다.
◎ 똑같은 질문이 나오면 다시 주사위를 던집니다.
◎ 본인이 발표한 내용에 대해 자기 색의 펜으로 표시를 합니다.

첫 번째 / 두 번째	1	2	3	4	5	6
1						
2						
3						
4						
5						
6						

Mentimeter
내가 생각하는 리더는 어떤 사람인가요?
Fields with spaces will be considered as one word.

먼저 하는 사람

Enter another word

Submit

설문 참여

친절한 사람

설문 결과

학생 대토론회를 열어요

학생 대토론회

학생들은 학교에 안건을 제출해본 경험이 많지 않습니다. 학급회의에서 학교에 하고 싶은 일들, 불편한 점을 건의 사항으로 말하거나 학생자치회 건의함에 넣는 정도입니다. 학교에 하고픈 말을 할 수 있는 시간과 공간을 마련합니다. 학생의 목소리를 반영하기 위해 학생자치회에서는 기획, 전체 진행과 발표를 모두 담당하면서 학생의 소리를 더 많이 들을 수 있도록 합니다. 이때 주로 활용하는 학생 대토론회 운영방식이 '월드카페'입니다. 다음은 어느 초등학교에서 실제 진행되었던 학생 대토론회 계획서인데요. 여기서도 '월드카페' 형식으로 진행했음을 볼 수

B 초등학교 대토론회 운영계획

1. 행사 일자 : 20○○.○○.○○.(○) 14:40~16:00
2. 행사 세부 일정(하단의 표 참고)
3. 준비물 : 이젤패드, 매직, 간식, 타이머, 아이스브레이크 도구, 명찰, 포스트잇, 이미지 프리즘 스티커

일자 / 시간	활동	활동 계획	비고
14:40 ~14:45	학생 대토론회를 하는 까닭	-전체 진행자: 박○○ *대토론회 주제와 진행방법 안내	
14:45 ~15:15 (각 13분 내외)	대토론회 진행 (코너별 진행: 학생자치회 김○○, 박○○, 홍○○)	○교장선생님께 부탁드리고 싶은 말 ○스쿨버스에 부탁하고 싶은 말, 우리가 지킬 행동 정하기	월드카페 형식 (3가지 주제)
		○크리스마스 행사를 어떻게 진행할까? ○방과후수업에 모두가 잘 참여하려면 어떻게 해야 할까?	
		○학교 공간에서 장소별로 지켜야 하는 규칙 만들기 ○학생의 약속 정하기	
15:15 ~15:20	각 코너별 발표(교육 공동체 대토론회 주제 정하기)		
15:20 ~16:00	간식 시간, 정리		

있습니다. 작은 학교에서는 학생자치회에서 한 모둠씩 '학생 호스트'로 모둠장 역할을 합니다. 학생 호스트는 각 모둠에서 구성원의 공평한 발언 기회를 갖도록 발표 시간을 조율하고, 퍼실리테이터로서 모둠의 회의를 이끌어갑니다.

자치회 대의원들은 그동안 학급회의와 전교 다모임에서 나왔던 안건을 확대하여 학교 대토론회 안건으로 제시하기도 합니다. 모둠 구성원에게 토의할 내용을 던져주기도 하고, 새롭게 구성해가기도 합니다. 또한 건의함이나 학교 게시판을 통해 의견을 모은 결과를 활용하기도 합니다.

실제 이 초등학교에서는 학생자치회 대의원들이 학생 호스트 역할을 하면서 '공감토크'라는 제목으로 학생들에게 사전에 받은 질문지를 준비하여 담당을 나누어 진행했습니다. 학생 호스트는 학생들로부터 받은 질문을 읽어주고, 의미를 전달하며 질문 대상자에게 답변을 듣거나 서로 토의할 수 있도록 합니다.

B 초등학교 학생 대토론회 공감토크 질문

● 스쿨버스에 부탁하고 싶은 말, 우리가 지켜야 할 행동은?
● 방과후 수업에 모두가 잘 참여하려면?
● 학교 공간에서 장소별로 지켜야 하는 규칙은?(체육관, 도서관, 복도 등)
● 학생이 학교에서 가장 중요하게 지켜야 할 약속 3가지는?

대토론회 일정이 나오면, 학생 참여자도 신청을 받습니다. 이 과정을 통해 학생들이 더 적극적으로 참여할 수 있도록 합니다. 대토론회에서

는 모둠별로 모여 위와 같은 형태로 제시된 질문에 대한 답변을 서로 나누도록 합니다. 그리고 대토론회 참여 학생 모두가 결과를 들을 수 있도록 합니다. 결과가 학생자치회에서 반영될 수 있도록 합니다.

비대면 학생 대토론회

학생 대토론회는 학급임원, 학생자치회 임원을 포함한 모든 학생이 학교생활을 위해 함께 이야기 나누는 자리입니다. 대토론회를 진행하는 방법은 학교 규모와 상황에 따라 다를 수 있습니다. 비대면 상황일 때의 형태 역시 다양할 것입니다. 아래에서는 비대면 상황에서 진행될 수 있는 학생 대토론회에 대해 이야기해보고자 합니다. 방법의 차이는 있을지라도 소통의 부재 문제를 해결하고 서로의 의견을 나눌 수 있는 장은 꼭 있어야 합니다.

토론회 전체 주제, 소주제 선정

대토론회에서 전체 주제만 정해서 이야기 나누다 보면 결국 일부 부분에 대해만 이야기 나누다가 시간이 흘러가버리는 경우가 생깁니다. 그래서 전체 주제와 소주제를 사전에 선정하는 과정이 필요합니다.

계획 안내, 온라인 사전 신청

학급 홍보물, 학교 홈페이지, 학생 개별 문자, 학생자치회 소통망 등을 통해서 토론회를 안내합니다. 이때, 발제를 원하는 학생과 토론할 학생을 나눠서 신청을 받습니다. 온라인으로 사전 신청을 받을 때는 QR 코드나 주소 링크를 통해 개별 신청을 원칙으로 하며 개인정보 활용 동의까지 사전에 받을 수 있도록 합니다. 만약, 실시간 토론이 어렵다면 발제자의 이야기를 영상으로 찍어 소통망에 탑재한 후 실시간 댓글로 토론을 진행할 수도 있습니다.

발제자 토론방법 안내, 참여자 사전질문지 제출

발제자로 선정된 학생은 토론 소주제를 하나씩 맡아서 3분 이내로 발표할 수 있도록 발제 자료를 제출하고 발표합니다. 초등학생의 경우 발제자나 듣는 사람 모두에게 힘겨운 시간이 될 수 있으니, 학생들의 역량에 맞게 시간을 정하면 좋겠습니다. 또한 모든 참여 학생을 대상으로 토론 진행방법과 화상플랫폼 접속, 활용에 대한 사전 안내를 합니다.

학생 대토론회 발표자 모집   대토론회 장면

온라인 학생 대토론회

사회자는 주로 학생자치회장이 맡습니다. 발제자가 한 명씩 발표를 마치면 발표 주제에 대해 질의응답을 진행합니다. 전체 발표와 질의응답이 끝난 뒤에는 자유토론을 실시합니다. 학교 홈페이지, 유튜브에 탑재하는 등 다양한 방법으로 공유한 뒤, 토론 활동 평가를 진행합니다.

꼭 행사를 해야 하나요?

초등학생의 자치활동 하면 '행사'를 많이 떠올립니다. 요즘에는 학생이 주인이 되어 스스로 계획하고 추진하는 행사를 요구하는 관리자도 많습니다. 아무래도 '스스로 다스린다'는 '자치'의 뜻처럼 행사에 '스스로 계획·준비·실행·반성하는 과정'이 담겨 있기 때문이겠죠. 행사가 자치의 전부는 아니지만 좋은 점이 있는 것은 사실입니다. 행사를 하면 할수록 스스로 하는 힘이 쑥쑥 자라거든요. 이처럼 행사에 좋은 점이 있긴 하지만 늘 행사의 취지를 고민해야 합니다.

행사는 왜 할까요? 학생들이 즐겁게 보내기 위해서 할까요? 그런 것도 있지만 그것만이 행사의 전부가 되어서는 곤란합니다. 즐거운 놀이만을 위한 행사는 그 의미를 잊기 쉽습니다. 건강한 자치 문화를 형성하기 위해서는 재미도 있지만 의미도 있는 행사를 준비해야 합니다.

그래서 행사를 하기 전에 담당선생님께서 나름의 기준을 세우시기를 권합니다. 저의 경우는 앞서 말한 것처럼 학생들이 학생자치회 활동을 하며 스스로 계획·준비하고 실행한 뒤 반성하는 과정을 경험하게 하도록 애씁니다. '자치'의 뜻을 살리기 위해 '도구'로써 행사를 쓰는 것이지요. 그래서 행사할 때 즐거움도 생각하지만 어떤 의미가 있는지, 어떤 취지로 이런 행사를 꾸리는지를 끊임없이 학생들과 이야기 나눕니다. 어떤 의미를 지닌 것인지부터 왜 하는지, 전교생을 어떻게 참여시킬 것인지까지 세세하게 이야기하며 행사를 꾸립니다. 그 과정에서 학생들은 점차 '아, 행사할 땐 이런 걸 고민해야겠구나' 하며 하나씩 배워나갑니다. 그렇게 한번 겪고 나면 그다음 행사를 꾸릴 땐 이전과는 다르게 고민하는 폭이 훨씬 깊어진 것을 알 수 있습니다. 여러 차례 반복하면 훨씬 스스로 하는 부분이 많아지겠지요. 이처럼 꾸리는 것부터 진행하고 마무리 짓는 모든 과정을 통해 스스로 하는 것을 경험하게 하고자 저는 학생자치회에서 행사를 하고 있습니다.

현충일을 예로 들어볼까요? 현충일은 국가를 위해 희생하신 분들을 떠올리며 추모하는 날입니다. 우리나라를 위해, 미래 세대를 위해 힘써 준 분들이시기에 그날 하루는 고마운 마음을 담는 날이지요. 학생들과 어떻게 할까 고민합니다. 그리고 '삼행시'의 형태로 하기로 했습니다. 삼행시 짓기는 학생들이 참 좋아하는 방식의 행사입니다. 준비하는 입장에서도 간편하기 때문에 부담이 없습니다. 그렇게 큰 어려움 없이 한참 학생들과 준비하다 보니 문제가 생겼습니다. 현충일로 삼행시 짓는 것은 좋지만 현충일의 의미를 담기 어렵다는 의견이 나왔습니다. 듣고 보니 정말 그렇습니다. 현충일을 기리는 의미와 전혀 상관없는 삼행시가 나올 수 있었습니다. 어떻게 이런 문제를 해결할지 회의했고 결국 '위인들에게 고마운 마음이 드러나도록 삼행시 짓기'라는 조건을 걸었습니다. 간단한 조건이지만 이 조건 하나로 결과물의 방향이 완전히 달라집니다.

이처럼 행사를 하면서 학생들과 끊임없이 '행사의 의미'에 대해 계속 고민합니다. 과연 이 행사가 어떤 목적으로 하는 것인지, 학생들에게 어떤 의미를 줄 수 있을 것인지 등을 말이죠. 하나의 행사를 하더라도 '의미'와 '재미'를 줄 수 있는 행사를 꾸리고 해보는 경험을 가지는 것이 중요해요. 한 번이라도 이런 경험을 한다면 다음에 할 때 스스로 하는 부분이 훨씬 많아지기 때문입니다. 그리고 이런 경험이 반복해서 쌓일 때 선생님 학교의 학생자치회는 스스로 꾸리는 힘이 있는 학생자치회가 될 거예요. 그래서 선생님도 의무는 아니지만 한번쯤은 학생들과 함께 행사를 해보기를 권합니다. 스스로 하는 부분이 점점 자라는 모습을 볼 수 있을 거예요.

행사, 시작부터 끝까지

행사의 취지를 명확히 세웠다면 진행하는 방법을 알아보겠습니다. 행사 준비는 크게 두 가지로 나눌 수 있습니다. 첫째, 학기별로 계획을 세우는 것입니다. 구상은 주로 리더십 캠프에서 하게 되고, 이렇게 계획을 세우면 훨씬 짜임새 있는 자치활동을 할 수 있습니다. 둘째, 달마다 계획을 세우는 것입니다. 3월에는 3월의 행사를, 4월에는 4월의 행사를 준비하는 식이지요. 이렇게 한다면 달마다 시기에 적절한 행사를 꾸릴 수 있다는 장점이 있습니다.

둘 중 어느 것이 되었든 학생자치회 임원들의 목소리를 바탕으로 행사를 꾸리는 것이 중요합니다. 자신의 의견이 들어간 행사를 할 때 스스로 하는 힘이 자라기 때문입니다.

그럼 어떤 행사를 만들도록 이끌어야 할까요? 행사를 이끌어본 학생들이 있다면 괜찮지만, 백지에서 시작하기는 어렵습니다. 해본 적이 없기 때문이지요. 이럴 땐 자치 담당선생님의 세밀한 도움이 필요합니다.

우선 임원을 학년을 섞어 모둠으로 나누고 모둠마다 달력을 줍니다. 줌으로 한다면 등교할 때 달력을 미리 주고 소회의실 기능을 활용할 수 있습니다. 학교 달력이 있다면 가장 좋고, 없다면 출력해서 줍니다. 달력은 달마다 챙길 기념일이 드러난 것이 좋습니다. 준비가 되었다면 학

행사	챙기는 방법	생각할 것
달마다 챙길 행사	삼행시 짓기	• 행사의 의미(왜 이 행사를 하지?) • 육하원칙(언제/어디서/누구와/ 무엇을/어떻게/왜) • 많이 참여할 수 있는 방법은? • 어떤 준비물과 상품이 필요할까?
	포스트잇 활용하기	
	벽보 만들기	
	편지 쓰기	
	골든벨	
	소리함 활용하기	
	그림 그리기	
	UCC 제작	

〈행사를 챙기는 방법과 생각할 것〉

3월	4월	5월	6월	7월
3/2 입학식, 시업식 리더십 캠프	4/5 식목일 4/16 세월호 4/20 장애인의 날 4/21 과학의 날	5/5 어린이날 5/8 어버이날 5/15 스승의 날 5/18 광주민주화운동	6/5 환경의 날 6/6 현충일 6/25 전쟁	7/17 제헌절 1학기말 전교 임원 선거
9월	**10월**		**11월**	**12월**
책 읽기의 계절 추석 리더십 캠프	10/9 한글날 10/27 독도의 날 10/31 할로윈		11/11 가래떡데이 수능	12/25 크리스마스 종업/졸업식 전교 임원 선거
그 밖에	바자회, 운동회, 개교기념일 등 학교행사			

〈달마다 챙길 날 예시〉

생들에게 챙기고 싶은 행사를 고르도록 합니다.

　행사를 골랐다면 이제 어떻게 챙길 것인지 의논해야겠지요. 챙기는 법은 상상하기 나름이지만 처음 할 때는 선택지를 주는 것이 좋습니다.

　위의 표처럼 여러 형태의 행사를 보여주고 챙기고 싶은 날을 표에 있는 방법으로 챙겨도 좋고 새로운 방법으로 해도 괜찮다고 합니다. 식목일을 예로 들면 삼행시로 챙길 수도 있고 퀴즈대회로 챙길 수도 있습니다. 교실마다 식물을 주어 기르게 하는 완전히 새로운 방법도 나올 수 있겠지요. 다만 학생들이 떠올리게 하려면 담당선생님께서 여러 선택지를 예시로 들어주셔야 합니다. 내용만 바꾸고 챙기는 방법을 다양하게 조합하며 해본다면 학생들은 점점 더 창의적인 생각으로 행사를 만들게 됩니다.

다양한 행사

학교 행사

학교 티셔츠 디자인 콘테스트

작은 학교에서는 전교생 티셔츠를 만드는 일도 있습니다. 예전엔 이런 일이 있을 때 담당교사가 진행하곤 했는데 요즘엔 학생자치회에서 이끌기도 합니다. 학생들 의견을 받아서 하면 좋다는 것은 누구나 아는 사실이기 때문입니다. 여기서 문제는 '어떻게'입니다. 방법은 여러 가지가 있겠지만 제가 해본 사례는 아래와 같습니다.

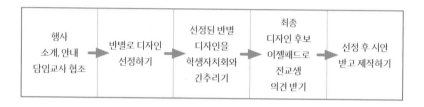

먼저 행사를 안내하기 전에 어떤 취지로 이 행사를 하게 되는지 이야기 나눕니다. 우리는 '우리 학교의 단결력을 높이고 추억을 만들기 위해 만든다' 정도로 이야기 나눴습니다. 행사의 취지를 어느 정도 나누었으면 어떻게 진행할지도 논의합니다. 학생들이 경험이 있어 의견을 잘 낼 수 있다면 괜찮지만 혹시 어려워하면 '이렇게 하면 어떨까?' 하며 이야기를 이끕니다. 우리는 후자의 경우였기에 각 반에서 자율적으로 참여하고 학급회의에서 그 중 마음에 드는 것을 세 개씩 뽑아오기로 했습니다. 이럴 땐 사실 담임선생님의 도움이 많이 필요합니다. 학급회의가 있다면 회의에서, 없다면 시간을 내어 뽑아달라고 이야기합니다. 선생님들도 바쁘지만 학교 티 만들기가 학생자치회 스스로 할 수 있는 일이 아님을 알기에 사전에 협조를 구하면 대부분 도와줍니다.

이렇게 반별로 세 개 정도 추린 다음에 학생자치회 회의에서 함께 의견을 나눕니다. 도안을 충분히 보고 우리 학교의 티셔츠로 어울릴 디자인으로 4~6개 정도로 줄입니다. 이 과정에서 관리자, 담임선생님의 의견도 함께 들으면 좋습니다. 학교에서 만드는 티셔츠니까요.

마지막으로 최종 후보 도안을 이젤패드를 활용해 학생들이 많이 다니는 곳에 게시합니다. 학생자치회 임원들은 투표할 수 있는 기간을 홍보하는 자료를 만들어 붙입니다. 이렇게 하면 학생들이 지나다니며 우리 학교 티셔츠로 가장 마음에 드는 디자인을 고를 수 있습니다. 고른 디자인을 바탕으로 우리 학교는 학년별로 티셔츠 색을 다르게 하여 입었습니다.

반별로 디자인 선정하기

학생자치회와 후보 간추리기

행사 홍보물   최종 투표하기

우리가 만든 학교 티셔츠

벼룩시장

가을이 되면 학교에서는 벼룩시장이나 바자회를 진행하곤 합니다. 이 행사는 학년에서 진행하는 것과 전교에서 진행하는 방법으로 나눌 수 있습니다. 저는 두 방법 모두 교과 교육과정과 엮어 진행했습니다. 두 가지 방법 다 여건에 따라 하면 되니 모두 소개합니다.

① 학년학생자치회 벼룩시장

준비

먼저 학년학생자치회 벼룩시장입니다. 큰 학교에서는 학년별로, 작은 학교에서는 학년군별로 진행해도 괜찮습니다. 우리는 작은 학교여서 학년군으로 진행했습니다. 진행을 위해서 학생들에게 벼룩시장에서 다룰 물건을 안내합니다. 중요한 것은 집에서 버리는 물건이 아니라 충분히 쓰기 좋은데 내가 쓰지 않는 물건을 가져오도록 하는 것입니다. 물품이 좋아야 벼룩시장도 잘되기 때문에 물품을 선정하는 과정에는 상당한 노력이 들어갑니다. 그럼 어떻게 물품을 고를까요? 선생님께서 보고 판단하는 방법도 있고 학생들에게 넘겨주는 방법도 있습니다. 두 방법 모두 장단점이 있습니다만 처음이라면 학급임원 또는 학급에서 뽑은 학생들과 선생님이 함께 해보는 걸 권합니다. 저는 그 모임을 벼룩시장 물품선정위원회(이하 물품선정위원회)라 했습니다.

물품선정위원회는 학급마다 꾸립니다. 그래서 각 담임선생님의 협조도 필요합니다. 최대한 물품을 학생들이 살 만한 것들로 가지고 오도록 합니다. 일주일 정도 동안 물품을 받으며 괜찮은 물건은 교실의 한곳에 모아두고 적절하지 않은 물건은 도로 가져가게 합니다. 이때 다 중고로만 하면 재미가 없으니 학급운영비 또는 학생자치회 운영비에서 새로운 물품도 함께 준비해둡니다. 제가 준비했던 물품은 공책, 종합장, 연필, 지우개, 형광펜 등의 학용품입니다. 이런 물품을 정할 때 어떤 물건이 요즘 인기가 많은지 의견을 받을 수도 있지요.

물품을 충분히 받았으면 각 교실의 모든 물품을 한곳에 모아서 물품 선정위원회와 함께 가격을 나눕니다. 모으는 곳은 학생자치실이 좋겠지요. 가격은 학생들이 비교적 쉽게 구매할 수 있도록 200원, 300원, 500원, 1000원 등 저렴하게 합니다. 그리고 물건의 가격은 학생들과 협의하여 결정합니다. 물건의 크기, 쓰임새, 상태 등을 기준으로 나눕니다. 단, 가장 비싼 물품도 가격이 너무 높지 않게 결정합니다. 우리가 이 행사를 하는 까닭은 돈을 벌기 위해서가 아니라 다른 사람이 더이상 쓰지 않는 물건을 사서 유용하게 쓰기 위함입니다. 부담 없이 살 수 있도록 해야 합니다. 이렇게 물품을 함께 정하면 좋은 점이 있습니다. 끊임없이 회의가 이루어진다는 점입니다.

"이 인형은 얼마에 두면 좋을까?"

"인형은 아까 300원에 모아두었어요."

"그런데 이 인형은 모아둔 인형들보다 크기가 크니까 500원에 두면 어떨까요?"

"그게 좋겠네요. 그렇게 합시다."

물품들을 이렇게 하나하나 나누는 일이 쉽지는 않습니다. 하지만 물품을 나누면서 이야기해나가는 경험이 스스로 하는 힘을 자라게 하리라 믿습니다.

가격을 정했다면 이제 행사장을 꾸밉니다. 행사장은 전날 미리 꾸며 둡니다. 돌아다니기도 좋고 어느 정도 간격도 있을 만한 곳으로 꾸립니다. 우리는 두 학년 4개 반이라 복도를 활용했습니다. 마침 연말이어서 가랜드를 미술 시간에 만들었습니다. 또 함께 진행하는 선생님의 아이디어로 학생들에게 줄 간식으로 요구르트를 준비하기도 했습니다. 이럴 때 함께 해주는 같은 학년군 선생님이 있다는 건 커다란 행운입니다. 반 학생들에게는 내일 장바구니와 돈을 가져오도록 안내합니다.

진행

행사 당일입니다. 학생들은 아침부터 들떠 있습니다. 교실 옆 복도에 진열된 상품을 흘깃흘깃 쳐다보기도 하지요. 다만 네 반이나 있는 만큼 차례를 잘 골라야 합니다. 우리는 6학년이 양보해주어 5학년부터 돌아볼 수 있었습니다. 이때 주의할 점은 처음에는 그냥 눈으로만 보는 시간을 주어야 한다는 것입니다. 아이쇼핑이라고도 하지요. 어디에 무엇이 있는지 쭉 훑어보고 나면 학생들은 하나의 상품씩 가지고 카운터에서 계산할 수 있습니다. 여러 상품을 동시에 가지고 계산하게 하면 특정 학생들이 상품을 싹 쓸어가는 경우가 생길 수 있기 때문입니다. 매번 계산하기 번거롭다면 한 번에 최대 1,000원씩 구매할 수 있도록 해도 괜찮겠지요.

물건을 고를 때는 뷔페에서 음식을 담는 것처럼 천천히 돌아보도록 합니다. 5학년이 먼저 돌아보고는 6학년이 돌아봅니다. 이때 물품을 조금 더 보충해주어야 합니다. 이미 5학년이 한 바퀴 돌았기 때문에 물품이 부족할 수 있기 때문입니다. 따라서 준비할 때 6학년에서 나온 물품은 따로 준비해두거나 5, 6학년이 모은 물건 중 절반 정도는 나중에 꺼내는 방법 등을 활용합니다. 좋은 물품을 사러 오는 것도 있지만 기부를 하는 목적이기 더 크기 때문에 학생들에게 미리 양해를 구해둡니다.

마치며

그럼에도 아쉽습니다. 후배들에게 차례를 양보한 6학년이 원하는 물품을 얻지 못했기 때문입니다. 양보해준 마음이 고마워 어찌 보답할까 하는 마음에 반 학생들과 이야기 나눴습니다.

"이번에는 6학년 선배들이 양보해줘서 우리가 먼저 골랐는데 내심 아쉬웠을 것 같아."

"그럼 또 해서 이번에는 6학년부터 먼저 해요."

"와, 그거 좋다! 또 해요!"

다른 말을 꺼낼 수 없을 정도로 학생들 반응이 폭발적입니다.

"아, 그럼 선생님들과 이야기 나눠볼게요."

또 하자는 말에 가슴이 철렁합니다. '이 일을 또?' 싶습니다. 피곤함과 부담스러움, 여러 선생님에게 미안함 등 복합적인 마음이 들면서도 한 편으론 학생들이 스스로 하는 힘이 더 자라 있을까 궁금하기도 합니다. 그래서 같은 학년군 선생님과 다시 이야기를 나눴습니다. 당시 같은 학년군 선생님의 합은 최고였습니다. 뭘 하자고 하면 항상 긍정적으로 으쌰으쌰하는 분위기였지요. 제 이야기를 듣고 바로 다시 하는 건 어려우니 학생들 이야기 들어보고 2주 정도 뒤에 하기로 했습니다.

시간이 흘러 준비할 때가 되었습니다. 그런데 신기합니다. 이번에는 2주 전과 완전히 다릅니다. 학생들도 한 번씩 해봤기 때문에 준비가 일사천리로 진행됩니다. 물품을 모으는 것부터 분류하고 준비하는 것까지 담당교사의 품이 확 줄어든 것이 확연하게 느껴집니다. 물품선정위원회에서도 학생들끼리 협의해서 진행합니다.

'바로 하니까 이런 게 좋구나.'

두 번째 할 때는 훨씬 수월하게 할 수 있었습니다. 6학년 학생들도 이 번에는 먼저 돌아볼 수 있어서 무척 만족해했습니다. 우리 학년도 보답 했다는 마음에 뿌듯함을 느꼈지요. 두 차례에 걸친 수익금은 잘 모아서 적십자에 기부하였습니다.

② 전교 벼룩시장

준비

학년군 벼룩시장을 처음 하던 해에 5학년이었던 학생들이 6학년이 되니 리더십 캠프에서 전교생 벼룩시장을 열어보자는 아이디어가 나왔 습니다. 어떻게 진행할 것인지 이야기 나눕니다. 지난번 경험을 살려 물 품준비위원회를 꾸리기로 했습니다. 학생자치회 임원들 중에서 자발적 으로 신청 받고 학급에서 지원자도 받았습니다.

그러나 이번 행사는 이전 학년군 사례와 차원이 다릅니다. 큰 학교라 면 더욱 그렇겠지요. 위의 사례는 도와주는 선생님이 있으면 좋고, 없어 도 학생들과 함께하면 어떻게든 되었지만, 지금 사례는 반드시 도와주 는 선생님이 있어야 합니다. 혼자서 할 수 없습니다. 또 전교생의 물품 과 시간이 필요하기에 모든 담임선생님의 도움이 필요합니다. 꼭 모든 담임선생님과 의견을 나누고, 도와줄 수 있는 선생님을 찾고 나서 준비 하기 바랍니다.

학년군 행사 때 각 담임선생님이 물품을 1차로 선별해준 것처럼 정 리를 해주어야 쓸 만한 물품이 남습니다. 그렇게 받은 물품을 연구실 또

벼룩시장 진행 계획

학년부장님께 안내해드린 바와 같이 11.26.(월)~12.4.(화)까지 반에서 물품을 받아 학년군 연구실에 놓아주세요.
학년군 물품 준비가 완료되면 1,3,5학년 학년부장님께서 메시지로 알려주세요.
학년이 협의하여 물품 받는 기간을 더 빨리 마감하셔도 됩니다.
물품 수거 완료되면 자치회가 진행하겠습니다.

세부 일정

행사 시간	대상	장소	자치회 준비 시간	담당 교사	비고
12.12.(수) 4교시	3, 4 학년군		12.12.(수) 해피타임	허○○	<담임교사> 의류 등 남이 안 쓸 물건은 가져오지 않기 행사의 취지는 기부이지 물건 구매가 아님. 무리하게 물건을 사려다가 다치거나 다투는 일 없도록! 1, 2학년군 : 자치회 임원 아이들이 물품 계산할 때 도움, 안전지도 3, 4학년군 : 물품 계산, 안전지도 5, 6학년군 : 물품 계산, 안전지도
12.13.(목) 12:50 ~13:20	1, 2학년군	강당	12.13.(목) 점심시간 행사 임원 식사 12:15에 실시	이○○, 이○○	
12.14.(금) 5교시	5, 6학년군		12.14.(금) 점심시간 행사 임원 식사 12:15에 실시	최○○	<담당교사> 물품선정위원회와 당일 행사 물품 세팅

행사의 취지는 물품 구매가 아닌 기부임을 아이들에게 꼭 안내해주세요!

는 학생자치실로 옮겨서 나눕니다. 우리 학교는 모두 13학급이었기에 물품을 학년군별로 분류하였습니다. 물품선정위원회도 그에 맞추어 학년군으로 나누어 모두 세 모둠을 꾸렸습니다. 학교가 크다면 학년별로 나누어야겠지요. 각 모둠별로 모둠장을 뽑아서 관리했습니다. 전교생의 물품이 있기에 거의 사나흘을 방과후에 모여 분류 작업을 해야 했습니다. 이렇게 분류 작업을 하고 난 뒤, 모아두어 벼룩시장이 열리는 공간으로 옮깁니다. 모든 행사가 그렇듯 이번 행사 역시 진행하기 전날 준비를 마쳐야 합니다. 그러기 위해서 미리 시설을 이용하겠다고 안내하는 것부터 각반 학생들에게는 안내가 잘되었는지, 담임선생님이 내일 진행되는 행사를 잘 알고 있는지, 점심에 행사를 한다면 행사를 돕는 학생자치회 임원들의 식사는 조금 일찍 하는지, 방송장비는 잘 나오는지 담당선생님에게 확인하는 등 철저하게 준비해야 합니다. 이것이 앞서 학생들끼리 할 수 없다고 말한 까닭입니다.

물품을 분류하는 학생들과 별개로 홍보하는 학생들도 있어야 합니다. 벼룩시장을 언제, 어디서, 어떻게 하는지 4절지에 잘 꾸미며 학교게시판에 붙여두어야 합니다.

포스터 제작

300원짜리 물품 파는 공간

계산하는 공간

전체 배치도

진행

드디어 행사 당일입니다. 이때는 학생자치회 임원의 도움을 받지만 선생님 도움도 받아야 합니다. 학생자치회 학생들은 조끼를 입고 중간중간 서서 계산은 어디서 하는지, 몇 개까지 물건을 집어야 하는지 안내해줍니다. 계산대에 줄이 붐비지 않도록 잘 나눠주는 역할도 합니다.

참여하는 학생들이 들어오면 마이크로 진행합니다. 제 경우는 도와주는 선생님이 진행해주시고 저는 학생자치회 학생들의 역할을 한 번씩 더 확인해주었습니다. 본격적으로 시작하기 전에 눈으로만 훑어보는 시간을 3분 정도 줍니다. 이번 행사는 저번과 달리 강당에서 해서 복도보다 공간이 넓어 천천히 걸어다닐 수 있었습니다.

눈으로 훑어본 다음, 마지막으로 다시 이야기합니다.

"여러분, 이번 행사는 좋은 물건을 이번 기회에 얻고자 하는 게 아니

행사 당일 학생자치회 위치

계산하는 공간

물품 구매 시작

전체 사진

라 기부를 목적으로 해요. 아마 좋은 물건도 많아서 마음이 끌리겠지만 여러분이 다치지 않고 즐겁게 하면 좋겠어요. 다치지 않고 즐겁게 할 수 있도록 질서 있는 모습 보여주세요."

이렇게 이야기하고 나서 시작합니다. 물품을 구매하면서는 최대 세 개의 물건을 집어서 계산하도록 했습니다. 더 사고 싶으면 계산을 해서 장바구니에 담고 다시 와야 합니다. 학생들은 신나서 여러 차례 참여합니다. 남는 물건은 틈틈이 마이크로 이야기해줍니다.

"지금 300원에 있는 공책이 다 안 팔렸네요. 좋은 공책이 있으니 많이 찾아주세요."

이렇게 한껏 장을 보고 나면 모두 자리로 돌아가서 앉습니다. 남은

5장. 행사를 넘어 자치로 자치회 행사 운영 방법

물건들은 다시 모아서 이야기합니다.

"여기 책 세 권이 남았네요. 한 권에 300원인데 지금 사면 세 권에 500원에 살 수 있어요. 사고 싶은 사람은 나오세요."

만약 사람이 많으면 가위바위보를 하고, 사람이 없으면 담임선생님께서 학급물품으로 사기도 합니다. 그래도 남으면 다음번 행사할 때 선물로 줄 수 있으니 잘 모아둡니다.

마치며

전교 벼룩시장은 세 개 학년군이 있기에 모두 3일에 걸쳐서 했습니다. 5, 6학년군 행사에는 학생자치회의 중심인 5, 6학년 학생들도 함께 참여해야 하기에 3, 4학년 학생자치회 임원의 도움이 필요했습니다. 담임선생님과 전담선생님의 보이지 않는 도움도 필요했습니다. 이렇듯 전교 벼룩시장은 이전 학년군 때와는 차원이 다른 행사입니다. 그만큼

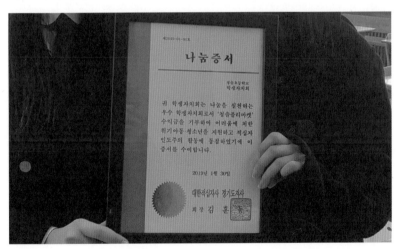

수익도 몇 배로 뜁니다. 이 수익은 잘 모아서 기부하는데 이때 부탁하면 기부증서와 배지를 받을 수 있습니다.

행사를 마친 뒤에는 행사했던 공간을 다시 원래대로 되돌립니다. 행사장을 깨끗하게 치우고 남은 물건들을 학생자치실에 잘 정리해둡니다. 고생한 학생자치회 임원들에게 간식과 선물도 나눠주고 격려하는 말도 해줍니다.

"모두 고생했습니다. 덕분에 우리 학교 친구들이 행복한 경험을 했네요. 아마 10년 뒤에 우리 학교에서 '제○○회 벼룩시장'을 하고 있다면

그 밖의 참고 행사 목록

행사 종류	행사명	관련 쪽
할 때마다 즐거운 정기 행사	놀이마당-놀며 여는 첫 행사	122
	장기자랑-끼와 실력을 뽐내는 장	132
	바자회-모두가 흥거운 장터	142
	퀴즈 대회-골든벨을 울려라	150
	보물찾기-상상력과 실천력이 빚어낸 행사	157
	크리스마스-교실로 찾아가는 산타	165
언제 하든 재밌는 반짝 행사	학교 캐릭터 만들기-새싹이와 나리	174
	재미있는 사진 찍기-할로윈 데이	183
	보이는 라디오-화양연가	190
	우리가 만드는 약속-어린이날	197
	선생님 사랑해요-스승의 날	203
	영화 상영-먹는 즐거움 보는 즐거움	210
	축구 시합-스승 대 제자	217
	송편 만들기-추석 맞이	221
	깜짝 공연-가을 음악회	225
	리더십 캠프-어울림 잔치	230

출처: 《초등자치》(이영근, 에듀니티, 2018)

이번이 제1회겠네요. 모두 큰일 했습니다. 박수로 마칠게요."

이렇게 큰 행사를 마치면 온몸에 진이 쭉 빠집니다. 더군다나 누가 시킨 행사도 아니었기에 '와, 이렇게 또 못하겠다' 싶습니다. 또 현실적으로 어려운 점도 많습니다. 무엇보다 모든 선생님과 뜻이 맞아야 하는 데다 자주 하기에는 물건의 종류가 다양하지 않을 수 있기 때문입니다. 선생님과 학생들의 피로도도 상당합니다. 그래서 이 행사는 학생자치회 첫해에 하는 것보다 학생자치회 문화가 어느 정도 자리를 잡았을 때 해보는 것을 추천합니다.

코로나에도 할 수 있는 행사
코로나 끝나면 하고 싶은 일

준비

막상 행사를 하려니 학생들이랑 무엇을 처음 하면 좋을지 고민됩니다. 심지어 코로나 때문에 할 수 있는 일도 많지 않아 보입니다. 무엇을 하면 좋을지 의견을 나눠봅니다. 여러 의견을 듣고 그중 하기 쉬우면서도 의미 있는 행사를 찾아봅니다. 그렇게 '코로나가 끝나면 하고 싶은 일 적기' 행사를 하게 되었습니다.

준비하며 학생들과 어떻게 할 것인지 의견을 나눕니다. 행사마다 '언제, 어디서, 누구와, 무엇을, 어떻게, 왜' 하는지 이야기합니다. 행사는 2주 동안 진행하고 학교 게시판이 있는 무지개다리에서 하기로 했습니다. 대상은 1~6학년 전교생이며 내용은 코로나 끝나면 하고 싶은 일 세 가지를 포스트잇에 적어 게시판에 붙이기로 했습니다. 이때 학년별 참여율을 보기 위해 1-2학년은 노란색, 3-4학년은 파란색, 5-6학년은 분홍색의 포스트잇을 쓰기로 했습니다. 또한 첫 행사니 만큼 참가상으로 레모나를 하나씩 주기로 했습니다. 이를 위해 포스트잇에 학년, 반, 이름을 적고 구체적으로 누구와 무엇을 할 것인지 예시를 적어 붙이기로 했습니다. 이어 이 행사를 왜 하는지도 함께 나눕니다. 당시에 학생들은 교실에서 여러 차례 의료진과 방역에 힘쓰는 분들께 고마운 표현을 했고 코로나로 등교도 제대로 하지 못한 채 지쳐 있는 상황이었습니다. 그래서 이 행사를 하며 잠시나마 코로나가 끝난 뒤의 밝은 미래를 떠올리기를 기대했습니다.

이렇게 이야기를 나눈 뒤 학생자치회 임원들은 각자 홍보하는 게시물을 만들기 시작합니다. 앞서 나눈 대화에 있는 정보를 바탕으로 게시판에 홍보할 자료를 만드는 것이지요. 이렇게 홍보하는 자료를 많이 만들어야 학생들이 등하교하며 참여할 수 있게 됩니다. 한 번도 만들어보지 못했다면 어려워할 수 있습니다. 그럴 땐 여러 예시자료를 보여줍니다. 홍보게시물은 행사를 하면 할수록 능숙하게 만들어 냅니다.

그렇게 준비한 자료를 행사 전날 학교 게시판에 쭉 걸어둡니다. 참여할 수 있도록 포스트잇도 색별로 붙여둡니다. 쓰기 좋도록 주위에 색깔펜도 함께 두고 소독 도구도 함께 둡니다. 행사 주간, 학생자치회는 등하교하며 수시로 붙이는 내용을 깔끔하게 정리하기로 했습니다.

코로나 끝나면 하고 싶은 일 포스터

진행

행사 시작하는 날, 학생들은 등하교하며 학교 게시판에 붙은 홍보물을 유심히 봅니다. 호기심에 눈여겨보다가 참여하기 쉬운 걸 알고는 얼른 종이에 끄적입니다. 그림으로 그려서 붙이는 학생도 있습니다. 혹시 못 보고 지나간 학생이 있을까 하여 학생자치회 임원은 각 반의 친구들에게 참여를 독려합니다. '우리가 이런 걸 만들었으니 함께 해보자' 하는 마음으로 친구들을 데리고 와서 함께 참여합니다. 행사 중 떨어지거나 잘못 붙은 포스트잇이 있다면 예쁘게 정리도 합니다. 새로 쓸 포스트잇이 부족하면 저에게 받아가서 다시 붙여둡니다.

1, 2학년은 학생자치회 임원이 포스트잇을 들고 교실로 찾아갑니다. 담임선생님에게 미리 협조를 구해놓은 터라 행사의 취지를 알리고 담임선생님이 포스트잇을 나눠줍니다. 시간이 여유 있다면 학생들이 다 할 때까지 기다리기도 하지만 상황에 따라 담임선생님에게 어디에 붙여야 하는지 말씀드리고 오기도 합니다.

진행 중에는 학생자치회 임원들에게 각 반의 명렬표를 나눠줍니다. 참여한 사람과 참여하지 않은 사람을 함께 세어 참가상을 나눠주기 위함입니다. 이렇게 임원마다 학년반 명렬표를 하나씩 뽑아주면 행사를 마친 뒤 참가상을 나눠주기 좋고 임원들도 역할이 생겨 더욱 열심히 참여하니 좋습니다.

마치며

행사를 마치고는 한동안 작품을 붙여둡니다. 주위에 떨어진 종이나 쓰레기는 함께 치웁니다. 그리고는 자치실로 돌아와 각자 적어두었던 명렬표를 확인하고 참가한 학생들의 수만큼 참가상을 나눕니다. 이때 딱 맞게 가져가기보다는 두세 개 여유 있게 가져갑니다. 참여했는데 못 받았다고 하는 학생이 있을 수 있기 때문입니다. 함께 적어둔 명렬표와 함께 각 반 담임선생님께 전합니다. 코로나가 아니었다면 학생자치회 스스로 했겠지만 등교 일정도 다르고 비대면으로 하다 보니 담임선생

코로나 끝나면 하고 싶은 일 결과물

님의 도움이 필요할 때가 많습니다.

　자치회의실에서는 이번 행사에 대해 좋았던 점, 아쉬웠던 점, 바라는 점을 이야기합니다. 처음 행사에 학생들이 많이 참여해주어 좋았다, 학생자치회로 활동할 수 있어 뿌듯했다 등의 이야기와 함께 장난을 치는 학생들, 참여하지 않는 학생들 때문에 아쉬웠다는 이야기도 나옵니다. 그래서 학생들과 어떻게 하면 더 많은 학생이 참여할 수 있을지 이야기 나눕니다. 그렇게 나온 생각을 다음 행사에 해보기로 하고 마무리합니다.

코로나 삼행시

준비

　처음 행사를 무사히 마치니 학생자치회 임원들도 '이렇게 하면 되겠구나' 하는 행사의 감을 잡았습니다. 리더십 캠프에서 아이디어가 나왔던 다른 행사를 둘러봅니다. "선생님, 우리 삼행시 짓기 해요." 리더십 캠프에서 나왔던 삼행시 짓기에 관심을 보입니다. "그래, 그럼 어떤 걸로 할까?" 행사를 준비하면서 큰 계획은 담당교사인 제 머릿속에 있지만 학생들에게 계속 물어봅니다. 의견은 학생들에게 말로 받아도 좋고 포스트잇을 활용해 받아도 좋습니다. 우리 학교는 학생들 의견을 받아서 '코로나'로 삼행시 짓기를 하기로 했습니다.

　앞선 행사처럼 '언제, 어디서, 누구와, 무엇을, 어떻게, 왜' 하는지 이야기 나눕니다. 삼행시는 행사의 특성상 재밌지만 취지와 전혀 상관없는 행사가 될 수도 있습니다. 그래서 할 때마다 행사의 취지를 지킬 수 있도록 조건을 걸고 있습니다. 이번 행사는 코로나를 극복하는 긍정적인 마음을 다지는 행사이므로 '긍정적으로 쓰기'와 '바르고 고운 말로 쓰기'를 조건으로 했습니다.

다음으로 이번 행사는 앞선 행사와는 다르게 상품을 걸어보기로 했습니다. 상품을 걸게 되면 참가상을 줄 때보단 반응이 좋지만 신경 써야 할 일이 많습니다. 가장 예민한 부분은 '공정함'입니다. 가장 좋은 것은 각 학급에서 학급회의를 통해 우수작을 정하는 것입니다. 그렇지만 학생자치회 업무를 하며 모든 행사를 담임선생님께 부탁하는 건 현실적으로 어렵습니다. 그래서 우리는 각 학급을 대표하는 임원들이 모인 학생자치회에서 정합니다. 하지만 학교 상황이나 행사의 특성에 따라서 전교생의 의견을 받는 형태로 진행하기도 합니다.

이어서 정할 부분은 '어떻게 뽑을 것인가'입니다. 선정하는 방법은 등수로 정할 수도 있고 학급별로 뽑을 수도 있습니다. 처음에는 학급이 10학급이니 10명을 학년에 상관없이 뽑자고 했습니다. 그러자 학생자치회 임원 중 한 명이 "그러면 글을 잘 쓰는 5, 6학년이 다 받고 저학년은 받기 어려울 것 같아요." 합니다. 듣고 보니 '그럴 수도 있겠다.' 하여 저학년도 받을 수 있도록 학급별로 1명씩 주기로 정했습니다.

마지막으로 정할 것은 상품입니다. 상품을 할 때는 꼭 챙기는 것이 '참가상'입니다. 주로 가벼운 먹을거리나 학용품(연필, 지우개 등)을 줍니다. 너무 큰 상품은 지나친 경쟁을 불러일으키기에 적당히 학생들에게 필요한 것으로 정합니다. 이때도 학생들에게 의견을 물어 필요한 물건이 무엇이 있는지 들어보면 좋습니다. 이번 행사에는 코로나라 집에 있는 시간이 많다는 의견을 받아 그림 그리며 놀 수 있는 종합장을 주기로 했습니다.

언제?	어디서?	누구와?	무엇을?	어떻게?	왜?
1주일 간	무지개 다리에서	전교생 (1-6학년)	'코로나'로 3행시짓기	신청용지에 써서 무지개 다리 신청함에 넣기	코로나를 극복하는 마음을 담아 참여하기

우수작 상품: 종합장 1권 참가상: 연필 1자루
조건: 긍정적으로 쓰기, 바르고 고운 말로 쓰기

한번 해봤기 때문에 순조롭게 준비하고 있는데 문제가 생겼습니다. "선생님, 너무 어려워요." 들어보니 삼행시 중 '로'가 어렵습니다. 어떻게 하면 좋을까 이야기 나눕니다. 학생들이 처음 해보는 삼행시라 얼른 답이 나오지 않습니다. 이럴 때는 담당교사가 물꼬를 터줄 필요도 있습니다.

"두음법칙을 응용해서 조금 쉽게 해볼까?"

"그게 뭔가요?"

"원래 단어 첫소리에 올 수 없는 자음에 대한 법칙이야. 예를 들어 '례절'를 '예절'로 읽는 게 있어. 그런데 우리는 '로'가 어려우니 첫 글자는 아니지만 '오'로 바꾸는 것도 허용해보도록 응용해볼 수 있어."

"오, 좋네요. 그게 더 쉽게 할 수 있을 것 같아요."

그렇게 학생들이 더 쉽게 할 수 있도록 '로'를 '오'로 바꿀 수 있는 것으로 이야기 나눴습니다. 이렇듯 행사를 준비할 때 학생자치회 임원들과 먼저 해보는 것은 중요합니다. 머리로는 예상하지 못했던 문제를 찾을 수 있기 때문입니다.

진행

행사의 시작은 홍보물을 붙이는 것부터입니다. 코로나가 없을 때는 학생자치회 임원들이 각 장소에 서서 참여하는 방법을 알려주고 참가상을 주곤 했습니다. 하지만 코로나로 인해 등교일도 다르고, 학생끼리 접촉하지 않도록 해야 합니다. 그래서 행사를 할 때는 홍보물을 최대한 자세하게 적어두어야 합니다. 여러 예시도 적어두고 참가용지를 넣는 소리함이 눈에 띄도록 예쁘게 꾸밉니다.

행사 중간에 참여율을 한번 확인합니다. 참여율이 낮은 학급은 학생자치회 임원이 학급 학생 수만큼 참가용지를 각 학급에 가져다주어 참여하도록 합니다. 이렇게 행사 중간에 확인하면 참여율을 높일 수도 있지만, 학생자치회 임원들이 일을 몰아서 하지 않게 되어 좋습니다.

코로나 삼행시 홍보물

코로나 삼행시 참가용지와 사물함

5장. 행사를 넘어 자치로 자치회 행사 운영 방법

우수작을 선별할 때는 먼저 학생자치회 책상마다 참가용지를 학급별로 분류합니다. 이어 월드카페 형식으로 학생자치회 임원들이 돌아가며 책상별로 기발하거나 학급을 대표할 만한 작품을 추려나갑니다. 책상을 3개 정도로 나누고 책상별로 1-2학년군, 3-4학년군, 5-6학년군 작품을 반별로 둡니다. 그리고 처음 책상에서는 반별 8개를 뽑고, 그다음 책상으로 이동해서는 4개로 줄이고, 마지막 책상에서는 2개만 남기는 식으로 할 수 있습니다. 마지막으로 반별로 나온 두 작품은 임원들이 다 함께 보며 정합니다.

마치며

반별 우수작품은 학생자치회 임원이 A4 도화지에 예쁘게 꾸며줍니다. 그리고 홍보물이 붙어있던 자리에 반별 우수작품을 걸어주고 각 반으로 참가상과 종합장을 보냅니다. 이렇게 또 하나의 행사를 마무리하고 학생자치회 임원들과 이야기 나눕니다.

"이번 행사 하면서 좋았던 점, 아쉬웠던 점, 바라는 점은 무엇인가요?"

"코로나로 삼행시 지은 작품들이 다 좋았어요."

"굳이 반별로 안 했어도 좋았을 것 같아요. 저학년 학생들이 너무 잘했어요."

"그래도 우리가 이렇게 해줘서 모든 학년이 골고루 뽑혀 좋았어요."

이번 행사를 통해 학생들은 행사할 때 저학년도 다같이 즐겁게 참여하려면 어떻게 해야 하는지 고민하는 경험을 했습니다. 이렇게 겪고 나면 다음 행사할 때는 말하지 않아도 저학년의 참여를 고민하는 학생들을 만날 수 있습니다.

꼭 우수작품을 뽑아야 할까요?

앞서 말씀드린 것처럼 우수작품을 뽑는 일은 신경 써야 할 일이 많습니다. 그래서 행사에서는 우수작품을 뽑지 않고 참가에 의의를 둘 때가 많습니다. 하지만 또 저렇게 우수작품을 뽑아 전시회를 연다면 색다른 경험을 줄 수 있기 때문에 한 번쯤 해도 괜찮지 않을까 생각합니다.

임원들이 정하는 방법 말고 전교생이 참여하는 방법은 없을까 고민됩니다. 그럴 때 활용할 수 있는 방법은 스티커를 쓰는 것입니다. 참여한 모든 작품을 걸 수 없기 때문에 반별로 5~10개 사이의 작품을 학생자치회에서 추립니다. 그리고 최종 작품을 선정할 때 추린 작품을 이젤패드, 전지 등을 활용해 일정 기간 학교 게시판에 걸어둡니다. 이때 스티커도 함께 두어 잘했다고 생각하는 작품에 스티커를 붙이도록 할 수 있습니다.

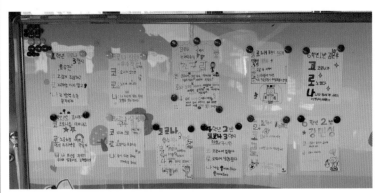

코로나 3행시 우수작품 전시회

할 때마다 재미있는 삼행시의 활용

삼행시 짓기는 간단하게 할 수 있는 활동이기 때문에 여러 가지로 응용할 수 있습니다. 개교기념일에는 학교 이름으로, 현충일에는 현충일로, 계기교육을 할 때는 계기교육의 핵심 단어로 바꾸어 할 수 있습니다. 다만 이때 주의할 점은 그 행사의 취지가 드러나게끔 조건을 두는 것입니다. 개교기념일에 할 때는 학교를 사랑하는 마음이 드러나도록 하거나 학교에서 중요하게 여기는 가치 덕목을 넣어 짓도록 하는 것이 그 예입니다.

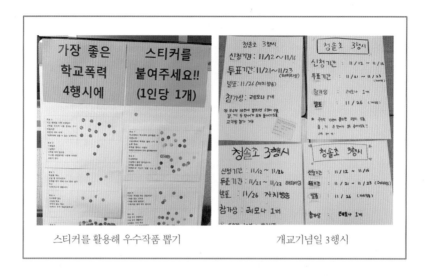

스티커를 활용해 우수작품 뽑기　　　　　　개교기념일 3행시

고마움 표현하기(스승의 날/학기말)

해마다 스승의 날, 학기말, 종업식에는 어떤 행사를 하면 좋을까요? 학급에서는 롤링페이퍼를 주로 하지만 학생자치회에서는 어떤 일을 하면 좋을지 감이 잡히지 않습니다. 특히나 코로나로 모이기가 어렵기 때문에 전교를 대상으로 하는 행사가 더욱 어렵습니다. 그래서 이번에도 비접촉으로 할 수 있는 방법을 생각해봅니다.

"선생님께 고마운 마음을 편지로 쓰는 행사는 어떻게 하면 좋을까요?"

전교생을 대상으로 해본 적이 있다면 금방 이야기가 나오겠지만 그런 적이 없다면 이야기가 잘 나오지 않습니다. 이럴 때는 선생님께서 아이디어를 제시해주고 어떤 방식으로 해볼지 의견을 나누는 것도 좋습니다. 담임선생님한테 집중하는 것과 여러 선생님을 대상으로 폭넓게 하는 방법이 있습니다. 두 방법 모두 마음을 표현하기 좋기에 추천합니다.

① 선생님마다 쓰기

먼저 선생님들 이름을 각각 써서 편지를 남기는 방법입니다. 가장 먼저 할 일은 빠지는 선생님이 없도록 우리 학교에 어떤 선생님이 계신지 이야기 나누는 것입니다. 담임선생님뿐만 아니라 교장선생님, 교감선생님, 전담선생님 등 우리를 가르쳐주시는 선생님에 대해 함께 이야기 나눕니다.

다음으로 모든 선생님의 이름을 4절 머메이드지에 큰 글자로 두껍게 씁니다. 각자 역할을 맡아 쓰고, 다 만들면 학생자치회 임원들이 먼저 고마운 마음을 담은 글을 예시로 남겨둡니다.

완성하면 행사 전날 게시합니다. 작은 학교의 경우 학교 게시판을 활용할 수 있습니다. 하지만 큰 학교는 선생님의 수가 많아 게시판이 부족

게시판에 걸어두고 하는 방법   현관마다 책상을 두어 적는 방법

합니다. 이럴 경우 학생들이 다니는 현관 충마다 책상을 가져다 두고 할 수 있습니다. 이때 학생자치회 임원마다 역할을 주어 충마다 위치하게 하고 편지를 쓴 학생에게 간단한 선물을 하나씩 줄 수도 있습니다. 작품이 모두 완성되면 한동안 복도에 붙여두었다가 학기말에 각 선생님께 선물로 드립니다.

② 전체 선생님께 쓰기

다음 방법으로는 전체 선생님에게 한 번에 쓰는 것입니다. 이렇게 하면 빠지는 선생님이 안 생기고 간단하게 할 수 있으니 처음 할 때 추천합니다. 이 행사를 위해서 우리 학교에서는 이젤패드 포스트잇을 여러 개 샀습니다. 재료가 준비되었다면 우선 전지를 4등분해서 크게 글자를 쓰고 꾸밉니다. 이때 쓸 문구를 학생자치회 학생들과 함께 정하면 좋습니다. 필요한 글자 수만큼 전지가 필요하겠지요. 준비되면 바로 밑그림을 그리고 꾸밉니다. 이때도 학생자치회가 먼저 글을 써서 예시 작품을 남

큰 게시판에 한번에 적는 방법

한 글자씩 써서 꾸미기

함께 게시한 작품

겨둡니다.

이젤패드는 쉽게 참여할 수 있도록 학생들이 자주 다니는 장소에 둡니다. 이때 한 글자씩 써서 꾸미면 더 보기 좋습니다. 코로나가 없을 때는 학생자치회 임원들이 한 글자씩 들고 아침에 선생님을 맞이하기도 했습니다. 하지만 지금은 코로나로 어려운 상황이기에 이젤패드 맞은편 게시판에 붙여두었습니다. 선생님들도 출퇴근하며 항상 보게 되었지요.

선생님들은 학생들이 제 힘껏 정성스레 꾸민 것에 좀처럼 눈을 떼지 못하고 한참을 보십니다. 여러 선생님이 좋아하니 준비한 학생자치회 학생들도 뿌듯해합니다. 이렇게 고마움을 표하는 행사를 경험하고 나면 다음부터는 학기나 학년이 끝날 때마다 하자는 이야기가 나옵니다. 깜짝행사가 정기행사로 자리 잡는 것이지요.

비대면으로 스승의 날 행사하기

스승의 날에 학생자치회가 특별한 사업을 해야 하는지, 스승의 날은 있어야 하는지에 대한 여러 이야기가 오고 갑니다. 스승의 날이라는 까닭으로 형식적인 고마움을 표현할 필요는 없습니다. 이에 학생들 <u>스스로 마음을 모으고 서로가 소통할 수 있는 활동을 한 사례를 소개합니다.</u>

활동 방법

1) 영상 편지 배달부
　-포스터, 회장단의 안내 영상 제작 후 학급별 안내, 홍보
　-스승의 날 영상 편지 공모
　-영상 제작
　-학교방송으로 시청
　-선생님의 답장
2) 종이비행기 날리기
　-《선생님은 몬스터》읽기(영상 제공)
　-《선생님은 몬스터》에 나오는 초록 비행기 만들기(편지 쓰기)
　- 선생님들께 비행기 날리기

영상 찍을 사람 모집　　　　　　　　영상 송출하기

《선생님은 몬스터》읽고　　　　　선생님들께 종이 비행기 날리기
종이비행기 편지 쓰기

과학 마술 놀이

코로나 감염 확산으로 인해서 놀 권리를 마음대로 누리지 못했던 학생들은 자발적으로 주체가 되어 놀이 활동을 생각하기 시작했습니다. 6학년 학생들은 자신들이 과학 교과 시간에 이동식 마술 놀이 체험을 즐겁게 참여했던 것을 1~3학년을 대상으로 직접 운영해보고 싶다고 했습니다. 그래서 6학년 학급임원들을 중심으로 과학 마술 놀이 프로그램을 진행했습니다. 선착순 15명만 받으려고 했지만, 신청자가 워낙 많아서 시간을 쪼개어 총 두 팀으로 이틀을 운영하였습니다. 총 30명의 1~3학년이 함께한 과학 마술 놀이였습니다.

횟수와 참여 인원이 늘어 진행하는 6학년 학생들이 힘들지 않을까 하는 걱정과는 달리 오히려 동생들에게 다양한 질문을 하는 모습을 보여주었습니다. 스스로 과학 마술을 보여주고, 직접 동생들이 해볼 수 있게 기회를 주었습니다. 또한 집에서도 과학 마술을 할 수 있도록 준비물까지 나눠주었습니다.

저는 이렇게 제안했습니다.

"그럼 참여했던 학생들에게 준비물을 나눠주니, 집에서 해보고 소감이나 의견을 사진이나 영상으로 찍어서 모아달라고 하면 어떨까요?"

그때, 돌아오는 학생의 이야기를 듣고 반성했습니다.

"선생님~ 그러면 숙제 같아요. 재미있게 놀고 가족에게 보여주고, 스스로 하면 되는데, 그걸 사진 찍거나 또 소감을 기록하면 재미가 사라질 것 같아요."

"그렇게 말하면 동생들이 싫어할 것 같아요."

그 이야기를 듣고 '아~ 학생의 관점에서 서로를 잘 이해하는구나' 하고 생각했습니다. 처음에 학생들이 놀 권리를 마음대로 누리지 못해서 즐거움을 주기 위해 진행하는 행사인데 활동에 대한 결과물을 요구한 것은 저의 짧은 생각이었습니다.

학생들은 강사 선생님들이 와서 하거나 어떠한 기관에서 방문하여 보여주는 과학 마술놀이보다 적극적으로 참여했습니다. 그 까닭은 여러 가지가 있겠지만 먼저 지원단이 직접 해볼 수 있는 기회를 주기 때문입니다. 다시 한번 해볼 수 있도록 준비물을 또 나누어주었습니다. 그리고 학생들 눈높이에 맞춰서 설명해주어 집중도도 높았습니다.

진행했던 마술놀이는 화산 폭발 실험, 물을 컵에서 사라지게 만드는 아쿠아 슬러시, 동그란 링 끈 통과하기, 정전기 막대기로 공중에 종이 날리기 등 간단한 준비물로 손쉽게 할 수 있는 놀이였습니다. 교사가 보기에는 단순해 보이는 마술놀이였으나, 학생들은 정말 좋아했습니다. 과학 키트를 직접 구입해서 한 마술도 있지만, 동생들이 집에서도 손쉽게 재료를 구해서 할 수 있는 놀이를 준비하려는 마음이 예뻤습니다.

마술놀이 활동 방법

1) 지원단 마술놀이가 가능한 목록을 정하고, 준비물을 준비합니다.
2) 먼저 마술놀이 지원단끼리 마술놀이를 해보고, 잘 안되는 경우 문제점을 찾아 보완하거나 다른 마술놀이를 찾습니다. 이때 혹시 지원단에서 해결이 어려운 부분은 과학 교과 전담선생님, 유튜브 영상, 과학발명센터 강사 선생님의 도움을 받습니다.
3) 과학 마술놀이 신청자 모집합니다.
4) 신청자 인원에 맞추어 마술놀이 재료를 준비합니다.
5) 신청한 학생들에게 개별 연락을 해서 해당하는 날짜와 시간을 안내합니다.
6) 하루 전날 다시 연락합니다. 1~3학년 학생들은 막상 신청하고 일정을 잊어버리는 경우가 있기 때문입니다. 또 핸드폰이 없는 학생들에게 연락하기 위해서 사전에 초대장을 만들어 집에 보내 보호자와 연락을 합니다. 그리고 각반 담임선생님께 마술놀이 참여하는 학생들 명단을 드리면서 참여할 수 있도록 신경 써달라 이야기합니다.
6) 마술놀이를 진행합니다. 직접 시범을 보여주면서 간단하게 과학의 원리를 설명합니다.
7) 1~3학년 학생들에게 마술놀이 직접 해볼 수 있게 연습시간을 주었습니다. 이때, 지원단 친구들은 어려워하는 친구에게 도움을 줍니다.
8) 함께 해본 과학 마술 놀이를 집에서 가족과 해볼 수 있도록 준비물을 나눠줍니다.

과학놀이 신청자 받기

과학 놀이 진행하기

건강한 학교생활 챌린지

오랜 기간 지속되는 코로나 감염 확산으로 안전 불감증이 우려되어

이를 예방하고자 캠페인 활동을 하였습니다. 아마 이 활동은 대부분 전국의 초등학교 학생자치회에서 대표들의 공약으로 나와서 이미 학급이나 학교 단위로 진행한 곳도 많을 것이라 생각합니다.

건강한 학교생활 챌린지활동 방법

1) 건강한 학교생활 챌린지 지원단 팀을 모집합니다.
2) 어떤 주제로 진행할지 브레인스토밍을 하고, 등교 시 학생들의 역할을 나눕니다. 마스크 목걸이 줄 배부, 마스크 착용 수칙 캠페인 활동을 선정했습니다.
3) 학생 지원단이 중심이 되어 캠페인 활동 자료를 만듭니다.
4) 등교 시간을 활용하여 코로나 확산 방지 캠페인 활동을 합니다. 활동 시 사회적 거리두기 지침을 준수합니다.

마스크 줄 배부하기

마스크 착용 캠페인

비대면 작은 음악회

제한적인 등교 상황으로 학예회, 교육과정 발표회, 음악회 등 학생들이 끼와 재능을 발휘할 기회의 장이 사라졌습니다. 다른 친구들의 끼와 재능을 볼 기회도 사라졌습니다. 이에 선생님들은 학급별 특색교육

활동을 달력, 영상, 문집 등 다양한 형태로 학생과 학부모들과 공유하는 방안을 제안했습니다. 그러나 학생들은 그것만으로는 성에 차지 않았나 봅니다. 그래서 학생자치회에서 어떻게 할지 회의를 했고 크리스마스 맞이 음악회를 준비하기로 했습니다.

처음에는 버스킹 형태로 학생들 등교 시간이나 점심시간에 맞춰서 이루어지는 방향으로 진행되었으나, 학교 주변에 코로나 확진자 발생으로 영상을 통한 비대면 음악회가 진행되었습니다. 처음 결정과 다른 방향으로 진행되었지만 학생들은 하고자 하는 바가 무엇인지 정확하게 생각하며, 문제 상황을 해결해나갔습니다.

비대면 음악회 활동 방법

먼저 작은 음악회를 위한 지원팀을 학생자치회에서 모집했습니다. 작은 음악회 지원단은 공연할 사람 또는 팀을 신청받고, 방송부와 협력해서 촬영과 편집을 진행했습니다. 또한 학생들이 음악회를 맘껏 즐길 수 있도록 학교 곳곳에 사진 포토존과 크리스마스 트리를 설치하였습니다.

신기하게도 학원이나 오후 일정이 바쁜 친구들도 일정을 조정해서 직접 학교 공간을 꾸몄습니다. 누군가가 시켜서 준비하는 꿈과 재능 발표회가 아니라 학생들 스스로 함께 만들어가는 발표회였기 때문일 것입니다. 그때 학생들의 모습은 살아 움직이는 힘 그 자체였습니다.

더욱이 그동안 대부분 활동이 고학년 중심으로 진행되어 저학년 학생들은 수요자로 행사에 참여했던 반면, 이번 작은 음악회는 저학년 학생들이 적극적으로 참여했습니다. 서툴더라도 우쿨렐레를 한 음으로 계속 연주하는 학생, 피아노 4마디를 연주하는 학생, 단짝 친구와 노래에 맞춰 춤추는 학생 등 완성된 공연이 아니지만 즐겁고 자신 있게 참여하는 모습들을 보였습니다.

해당 음악회 영상은 사전 음악회 홍보영상으로 학교 현관 영상 게시판에 며칠 동안 재생해두었습니다. 학생들은 그 뒷 공연이 궁금해서 빨리 작은 음악회 영상을 보고 싶다고 했습니다. 크리스마스 전날, 학생들은 학교 홈페이지에 영상 바로가기 주소를 공개했고, 학교 회장실 옆, 복도, 계단 여기저기에는 작은 음악회 영상 바로가기 QR코드 모음 안내 포스터를 붙였습니다.

동시에 여러 사람이 모이지 않고도 동시에 한 공연을 볼 수 있는 이색적인 활동이었습니다. 또한 크리스마스 연휴를 맞아서 가정에서도 가족과 함께 공연을 즐길 수 있었습니다. 말 그대로 정말 방구석 콘서트였습니다. 각 학급에서는 활동 후 소감을 공유했습니다.

음악회 학교 공간 꾸미기

음악회 홍보 포스터

음악회 영상 방송부 협조

음악회 영상 유튜브, 학교 홈페이지 탑재

큰 학교 자치 사례

학생주도 동아리

학생들은 다양한 경험을 누리며 성장할 권리가 있고, 학교는 그런 경험의 기회를 '동아리 활동'을 통해 지원해야 합니다. 학생들이 만들고 싶거나 배우고 싶은 활동들은 자발적인 동아리 조직을 통해 실현 가능합니다.

2015 개정 교육과정 중 '창의적체험활동' 내 '동아리' 활동에서 부서는 학생의 희망을 우선 반영하여 개설하되, 동아리 조직 형태는 단위 학교의 실정에 맞게 학급, 학년(군), 학교 단위로 구성할 수 있다고 되어 있습니다. 학생이 배우고 연구하며 활동하고자 하는 동아리는 모두 개설해주는 것이 원칙입니다. 학교 상황에 따라 어려움이 있어 담임교사 주도로 학급 동아리를 운영하는 학교도 있고, 전 학년(3~6학년)이 돌아가면서 동아리 활동을 하는 경우도 있습니다. 한 학교의 동아리 활동 운영계획을 예로 들어보겠습니다.

학교에서는 5-6학년 학생들이 희망 분야의 동아리를 개설할 수 있

Ⅱ. 방침

가. 학생 스스로 동아리를 개설, 홍보, 계획을 세우는 활동 등을 통하여 자기 주도적인 학생 자치 문
　화를 활성화한다.
나. 흥미, 취미, 적성이 비슷한 학생들을 참여시켜 질서와 협동심을 배우며, 원만한 인간관계를 형
　성케 한다.
다. 자신의 잠재능력을 최대한 계발·신장하고, 자아실현의 기초를 닦게 한다.
라. 여가를 효율적으로 활용하는 습관을 형성하게 한다.
마. 본교 교사, 전문적 지식과 경험이 풍부한 학부모와 지역 인사를 활용할 수 있다.

Ⅲ. 운영 방법

가. 대상 : 3-4학년은 학급 동아리로, 5-6학년은 통합하여 동아리를 조직한다.
나. 학생, 교사, 학부모가 동아리를 홍보하여 20명 내외의 인원이 모집된 경우 동아리를 개설한다.
다. 학부모 강사가 필요할 경우 봉사활동 희망 안내장을 발송하여 확보한다.
라. 학생들이 개설한 동아리가 전문 강사를 필요로 할 경우에는 외부 강사를 채용한다.
마. 희망 인원이 많을 경우는 희망으로 배정하거나 동일 부서를 2개 이상으로 조직한다.
사. 교육과정 편성은 창의적체험활동 시간(연 24시간)으로 편성, 운영한다. 단, 희망 인원이 적어
　서 창체 시간 운영이 어려운 경우 자율동아리 활동반으로 개설하여 운영할 수 있다.
아. 학생동아리활동에 재능을 기부하는 학부모, 지역사회강사에게는 해당시수만큼 봉사활동 시
　수를 부여할 수 있다.

Ⅳ. 운영 시기

(1) 창의적체험활동 - 동아리활동
　가. 6월 28일 부터 10월 26일 사이에 12회 실시 (1회에 2시간으로 연 24시간 편성)
　나. 학생 동아리 홍보, 조직 : 5월 4주 ~ 6월 1주
　　　동아리 조직 방법 안내 → 홍보 포스터 작성 → 학년군별 지정 게시판 부착하여 홍보 → 홍보
　　　포스터 내의 신청란을 활용해 신청 → 인원수 조율 → 동아리 활동 지도교사, 장소 배정
　다. 전문 강사가 필요한 경우 외부 강사 채용 : 6월 1주 ~ 6월 2주
　라. 운영 : 6월 28일 ~ 10월 26일 동아리 활동 집중 기간
(2) 자율동아리 활동
　가. 9월부터 방과후 주 1회 이상 실시
　나. 자율동아리 활동 조직 : 9월 1주
　　*창의적체험활동 동아리 조직 중 인원수가 부족하여 개설하지 못했으나 자율동아리로 활
　　동을 원할 경우 조직
　다. 운영 : 9월 ~ 12월

도록 하고 있습니다. 학부모 또는 지역 전문 강사를 활용하여 학생의 희망과 선택을 반영하는 방안을 열어두고 있습니다. 이를 이용하면 학생이 원하는 활동을 동아리 활동에 반영하는 과정에서 자치가 이루어질 수 있습니다. 학생들에게 동아리 조직 방법을 안내하고, 홍보 포스터를 제작하여 동아리 구성원을 모으고 필요한 경우 인원수를 조율하는 모든 과정이 자치에 해당합니다. 코로나로 인하여 학생주도 동아리를 학교에서 운영하지 못하는 상황이 발생했을 때도 온라인 실시간 수업시간을 할애하여 동아리 활동을 진행했습니다. 학생들이 홍보 포스터를 만들어 패들렛에 올리고 학생들은 이 홍보물을 보고 참가하고 싶은 동아리에 자신의 이름을 댓글로 달았습니다. 동아리 참가 신청을 마친 후, 각 동아리가 소회의실로 이동하여 활동 계획을 세울 수 있도록 논의할 시간을 주었습니다. 매주 두 시간씩 동아리 활동을 진행하고 그 결과를 패들렛에 올리며 진행할 수 있었습니다. 이러한 과정을 거쳐 동아리 활동을 운영하되 운영 시간이 교육과정에서 제시하는 시수보다 모자란 경우가 있습니다. 그 경우에는 자율동아리 형태로 운영할 수 있습니다.

자율동아리란?

정규동아리 시간에 활동하는 동아리와 별개로 학생들이 자율적으로 만들어 활동하는 동아리입니다. 동아리의 활동 내용, 세부 일정, 회원 구성, 동아리 명칭에 이르기까지 말 그대로 학생들이 자율적으로 만들어 운영하는 동아리입니다. 교육과정에 있는 창의적 체험활동 시간에 따로 편성되어 있지 않기 때문에 보통 방과후나 점심시간을 이용해 활동을 하게 됩니다.
학교의 실정에 따라 학교 교육 계획에서 일정한 시간을 확보해 수업 시간과 연계하여 운영할 수도 있고 방과후 시간을 확보해서 운영할 수도 있습니다. 말 그대로 학생의 자율적인 의지에 따라 운영되기 때문에 학생자치회 활동의 일환이라고 볼 수 있습니다.

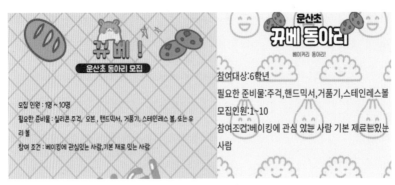

온라인 홍보 포스터

동아리 계획 세우기

온라인 동아리 활동

활동 결과 공유

6장. 정답은 없고, 대답은 있는 다양한 자치 유형 알기

급식 제안하기

학교에 따라 영양사 선생님이 제안하는 경우도 있지만, 학생들에게 급식은 중요한 부분입니다. 학생들이 먹고 싶은 급식을 제안한다면, 잔반도 훨씬 줄어들 수 있으며 자신의 의견이 반영된 급식을 먹으며 학교생활이 더 행복해질 것입니다. 학생자치회에서 급식 식단을 작성하는 방법에 대하여 영양사 선생님께 배운 후에 이를 소개하는 자료를 만들어 학생들이 급식 한 끼를 제안하게 합니다. 학생들의 다양한 의견을 받은 후 이를 정리하여 영양사 선생님에게 전달합니다. 이와 더불어 급식시간 캠페인을 통하여 먹을 만큼만 받고 남기지 않기 캠페인을 진행한다면 잔반을 더욱 줄여 학생들에게 양질의 급식을 제공할 수 있음을 알리고 모두가 만족하는 급식을 만드는 데 학생자치회가 큰 역할을 할 수 있습니다.

지원단 운영

학생들은 방과후에 할 일이 많습니다. 대부분의 친구들이 학원을 다니는 등 바쁜 삶을 살아갑니다. 학생자치회에 시간이 없어 참여하지 못하지만, 때로는 가능한 시간에 잠시 짬을 내어 내가 좋아하거나 잘하는 일은 함께하고 싶어 합니다. 학생자치회 또한, 1000명이 넘는 학생들을 대상으로 대규모 행사를 조직할 때는 20~30명 남짓한 학생들로는 진행하기 쉽지 않습니다. 이럴 때 행사 지원단을 모집합니다. 상황에 따라 재료를 준비해야 하는 일을 지원단에게 부탁할 수 있고, 큰 규모의 프로젝트는 기획 단계부터 참여할 수 있습니다. 지원단에 참여한 학생들은 힘들었지만 다음에도 지원단을 신청하면 또 해야겠다고 즐거운 마음으로 돌아가곤 했습니다.

온라인 '구글 폼'이나 '패들렛(padlet)'을 활용하여 지원을 받을 수도 있고, 오프라인으로 학생들이 지나다니는 복도에 포스터를 붙여 자신의 이름을 적을 수 있게끔 하면 충분히 모집할 수 있습니다. 활동하는 날에는 담당교사가 활동 일자와 시간, 장소 등을 메시지 등을 통하여 각 담임선생님들에게 안내하면 됩니다.

유튜브 채널 운영

요즘은 온라인 SNS나 화상수업 등 다양한 매체를 통해 학교라는 공간을 넘어서 다양한 소통이 이루어지고 있습니다. 특히 유튜브의 영향력이 커지고 있는데요. 학생자치회도 이러한 가상의 공간에서 활동이 가능합니다. 행사 안내 등을 유튜브에 업로드하고 링크를 공유하여 행사를 진행할 수도 있고, 스트리밍을 할 수도 있습니다. 학교 축제도 생

방송으로 시청할 수 있도록 할 수 있습니다. 선거와 관련해서는 학생자치선거 토론회 등을 유튜브를 통하여 진행할 수도 있는 등 다양한 가능성을 가지고 있으므로 방송부와 연계하여 운영, 활용해보길 바랍니다.

현수막 제작

학교는 한 해 동안 다양한 현수막을 게시합니다. 그냥 한번 보고 넘어가기 쉬운 현수막도 학생자치회에서 의미 있게 만들 수 있습니다. 제작에 참여한 학생들이 자신들이 디자인한 현수막이 걸린 걸 보고 매우 신기해했습니다. 요즘에는 미리캔버스(miricanvas) 등 현수막을 디자인할 수 있는 사이트가 있어 편리합니다. 학생들이 기본적인 디자인이나 문구로 시안을 만들어 인근 인쇄업체에 문의를 넣으면 제작 시안을 제시해주고 현수막으로 출력해줍니다. 캠페인을 진행할 때 이렇게 학생들이 직접 만든 현수막과 함께한다면 효과가 배가 될 것입니다.

양심 우산 운영

학생들은 가끔 수업을 마치고 집에 갈 때 예상치 못한 비를 마주하기도 합니다. 우산이 없고 부모님께 연락도 되지 않아 어쩔 수 없이 비를 맞고 가는 학생들이 있습니다.

그래서 학생자치회에 건의 사항 중 자주 들어오는 것이 양심 우산입니다. 이에 대비하여 학교 현관에 양심 우산함을 둘 수 있습니다. 하지만 양심 우산함을 비치하기 위해서는 그냥 구입하여 비치할 수도 있지만 사전에 많은 이야기를 진행해야 합니다. 아무런 논의나 준비없이 비치하다 보면 학생들은 우산을 그냥 들고 가게 되고 결국 우산함에는 우산이 남아 있지 않을 것입니다.

양심 우산함을 위해서 적당한 크기의 우산함을 학생들이 찾아보게 하고, 양심 우산을 어떻게 운영할지 학생자치회에서 회의합니다. 사용등록부를 만들 수도 있고 바르게 사용하는 사례에 대하여 안내문을 작성할 수도 있습니다. 우산을 사는 경우에는 우산 디자인을 학생들이 직접 고를 수 있고, 우산을 굳이 구입하지 않고 각 학급에서 사용하지 않는 우산들이 많기 때문에 이를 수거하여 비치할 수도 있습니다. 이러한 과정들을 함께 학생들과 논의하여 비치한다면 학생들이 우산이 없을 때 겪는 불편함을 조금이나마 줄일 수 있지 않을까요?

작은 학교 자치 사례

학교 축제 만들기

자치활동에서 가장 큰 행사는 학교 축제입니다. 우선 학생들과 함께 축제의 큰 주제를 잡습니다. 큰 주제를 가지고 학생자치회 회의를 열어 운영 일정을 시간대별로 짭니다. 축제는 많은 학생이 함께 준비하기 때문에 사전에 기획단을 만들어 운영할 수 있습니다. 그 다음에는 학생들끼리 이야기한 내용을 정리한 뒤에 제안서 및 도움을 받아야 할 협조사항을 가지고 선생님들과 협의합니다. 선생님들과 제안서에 대해 이야기 나누고 나면 학부모님들과 함께 준비할 사항 등이 생길 것입니다. 이

라온제 일정

　가. 시간 등: 체험마당을 12시까지 하고 식사 진행

　나. 알뜰시장: 외부인을 금지하고 학부모, 학생들까지 진행 / 현금 사용

　※별도 기부 없이 진행.

　다. 공연 관람: 전통무용 관람 진행 안내

　라. 개별 장기자랑 포함 예정, 가정이 희망할 경우 신청

논의해야 할 것

　가. 저녁 식사 메뉴

　나. 부스 체험 제안 – 부스운영수 : 학생 3개, 교사 4개, 학부모 3개 운영 제안

　　가) 학생: 슬라임 만들기, 할로윈 주스 만들기, 페이스 페인팅

　　나) 교사: 미션 임파서블, 점보 스텍스, 프리킥, 방탈출하기

　　다) 학부모: 달고나 만들기, 할로윈 분장하기, 인절미 만들기

　다. 10개 부스 중 5개 이상 하도록 하기

　라. 전통놀이 체험하는 장소 준비하기

　　　　　　　　　6장. 정답은 없고, 대답은 있는 **다양한 자치 유형 알기**

후 3주체 회의를 진행하여 학생자치회에서 제안한 학교 축제의 전반적인 주제와 세부 일정, 함께 이야기 나누고 싶은 내용을 먼저 발표합니다. 그 내용을 가지고 함께 점검하고 조정하는 과정을 거칩니다. 이러한 협의과정이 모두 끝나면 행사 진행에 있어 필요한 준비를 합니다. 학생들이 다른 구성원들과 협의하는 과정을 통해 스스로 만들어가는 행복한 축제를 진행할 수 있습니다.

교육과정에서 학생들과 함께 기획하는 자치활동

'지속 가능한 삶'이라는 주제로 '북극곰과 함께 살려면?'이라는 제목의 프로젝트형 자치활동을 4~6학년 학생들과 함께 진행했습니다. 궁금한 점, 직접 해보고 싶은 활동에 대해 이야기 나누고 함께 수업을 만들어갔습니다. 관련 주제에 맞게 학생들이 1박 2일의 체험학습 장소를 선정하고, 정보 수집과 문의, 전화 예약을 진행했습니다. 체험학습에서 활용할 활동지도 학생들이 궁금하다고 말한 점을 모아 학생들의 질문으로 만들어 체험학습 기간 동안 궁금증을 해결하기 위하여 노력했습니다. 체험학습에서 배운 내용을 가지고 우리 학교에서 기르고 있는 토끼를 소재로 '우리 학교에서 토끼를 길러야 하는가?'에 대하여 이야기를 나누었습니다.

토론의 결과 학생들은 '학교에서 토끼를 제대로 관리하지 않아 많은 토끼가 죽었고, 토끼의 자유로울 권리를 좁은 토끼장이 빼앗고 있다'고 생각하여 토끼를 기르지 않기로 결정했습니다.

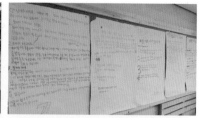
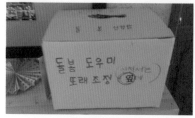

    지금까지 배운 내용을 바탕으로 학급을 세 팀으로 나누어 생활 속에서 지속 가능한 삶을 위해 실천해야 할 사항을 스스로 정하고 실천했습니다. 학교의 쓰레기 줄이기, 후배들과 잘 지내기, 우리 학교의 토끼라는 세 주제를 가지고 활동을 했습니다.

    '분리수거 실천하기' 팀은 영상 대본을 쓰고 촬영하여 홍보 영상을 제작하였으며 학교 주변 정화 활동에 나섰습니다. '주변 이웃과 잘 지내기' 팀은 학교에서 돌봄이 필요한 친구들을 찾아 스스로 돌봄 도우미가 되어 활동하였으며, 돌봄 도우미를 전교생으로 확대하여 모집하고 지속적인 돌봄을 위하여 노력했습니다. '우리 학교의 토끼를 위해' 팀은 학급 토론 결과를 바탕으로 대자보를 작성하고 전교 다모임에서 내용을 홍보하고 전교생의 토론으로 확대했습니다. 또한, 학교 토끼장을 청소하고 먹을 것을 주는 등 토끼가 있는 동안 잘 살 수 있는 여건을 마련하기 위해 노력했습니다.

무학년제 학생주도 동아리 운영

무학년제 학생주도 동아리란 기존에 교사가 학년별로 동아리를 개설하고, 학생들이 가입하여 운영하던 것에서 방향이 바뀐 것입니다. 학생이 하고 싶은 것, 배우고 싶은 것을 먼저 기획하고 담당교사의 교육 또는 행·재정적 지원을 통해 동아리 형태로 운영하는 것입니다.

우선 무학년제 학생주도 동아리 활동에 대한 학교 차원의 합의가 있어야 합니다. 동아리의 필요성과 담당할 교사, 구체적인 운영시간, 사용 가능한 예산 등에 대하여 큰 틀의 기획을 진행합니다.

동아리 활동 시작 전 동아리 신청서를 받아 동아리 활동을 담당할 선생님을 직접 찾아가 승인을 받고 함께 계획을 작성합니다. 이후 홍보지 등을 작성하여 동아리 활동에 참여할 학생들을 모집한 후 동아리 활동을 시작했습니다.

처음 학생주도 동아리를 운영할 때 걱정이 매우 많았습니다. 학생들이 원하는 동아리를 지도할 수 있는 담당교사가 학교에 아무도 없으면 어떻게 하냐는 고민이 있었기 때문입니다. 그래도 학생들이 한다고 하면 같이 학습하기로 했습니다.

'런치패드(Launchpad)' 동아리를 맡은 경험을 나눕니다. 점심패드? 아마 대부분의 선생님들이 생소하실겁니다. DJ처럼 라이브 음악을 컨트롤 할 수 있는 기기입니다. 버튼을 누르면 각 칸에 저장된 노래가 재생되고, 불빛도 번쩍여서 유튜브 등에는 퍼포먼스 영상이 많이 올라와 있습니다. 동아리가 구성되기 전 학교에서 진로 체험으로 이 런치패드를

6장. 정답은 없고, 대답은 있는 다양한 자치 유형 알기

본 후에 한 학생이 동아리를 만들고 싶다고 이야기를 했습니다. 담당교사인 제가 기기를 다룰 줄 몰라 난감했지만, 일단 함께 배우자고 하고 동아리 활동 시작 전 2주 동안 내내 런치패드에 대하여 공부하고 세팅하는 방법을 찾아서 회장인 학생에게 전수해주었습니다. 이후 학생들이 스스로 찾아서 음악을 연주하고, 어떤 때는 학교에 저녁 6시까지 남기도 하고, 집에 가져가서 새벽까지 연습하면서 실력을 키워 학교 축제에서도 발표할 실력까지 되었습니다.

학생들은 런치패드 동아리 이후 자신감을 얻어 3D 프린터나 다른 활동으로도 확대할 수 있게 되었습니다.

전교 마니또 활동

학급에서만 하던 마니또, 작은 학교에서는 전교 단위로도 가능합니다. 선후배 간 친해지는 계기를 마련하면 더욱 활기찬 학교를 만들 수 있습니다. 학생자치회에서 뽑기를 통하여 마니또를 선정한 뒤에 초콜릿 나누어주기, 편지 쓰기, 컵케이크 전달하기 등 다양한 미션을 주고, 나중에 마니또를 맞춰보는 활동을 통해 선후배 간 배려하는 법을 배웁니다. 이런 활동이 학교폭력 등의 문제를 예방하는 계기가 됩니다.

꿈, 끼 발표회

교육과정 구성을 위한 협의과정에서 '어울림 속에 당당하게 서는 행복한 배움터'라는 학교의 비전 아래 학생들이 당당하게 설 수 있는 환경을 만들기 위하여 꿈, 끼 발표회를 열어야 한다는 제안이 나왔습니다. 이에 학생자치회에 기획과 운영 전반에 대하여 자율권을 주고 스스로 계획하게끔 요청했습니다.

학생자치회는 참가자 모집과 리허설을 진행하고 상품을 선정하는 일 등을 정기회의를 통해 진행했습니다. 많은 학생이 자신이 가지고 있는 크고 작은 재주를 다른 친구들과 나누었습니다. 노래를 부르고 태권도 시범을 보이기도 하고, 학급이 함께 만든 공연도 선보였습니다. 선생님과의 피아노 합주도 인상적이었습니다. 학생들이 모두 하나가 된다는 느낌 속에 학교 전체에 활기가 넘쳤습니다.

다모임 뉴스

월 1회 작은 학교에서는 전교생이 모이는 다모임 운영이 가능합니다. 시작하기 전 학생자치회 차원에서 학교에서 있었던 일을 뉴스 형식으로 영상을 제작, 발표하면서 학교의 소식을 함께 공유할 수 있습니다.

차례	내용
1	○○선생님의 복귀 인터뷰!
2	학교 축제 소식(작년 학교 축제 돌아보기)
3	스포츠클럽과 자율동아리 운영
4	1년 체험학습 일정 안내
5	체육대회 일정 변경 소식(교장선생님과의 인터뷰)
6	학생자치회 운영계획

7장
잇고, 잇다
학생자치의 공간성 확장

코로나로 변화한 것들

많은 사람들이 못 모이는 거요.
코로나 때문에 뭉치면 안 돼서 여행을 가기도 힘들고 친구들과 만나서 놀기도 힘들어요.
잠깐 편의점에 들르는 것도 불안해서 편하게 가기 힘들어요.
예전에 막 돌아다녀도 눈치 안 보였는데 지금은 눈치가 많이 보여서 예전으로 돌아가고 싶어요.
코로나로 인해 온라인 수업을 하는 거요.
학교에 가면 코로나에 걸릴 수 있어요.
친구들과 놀러가는 게 어려운 것 같아요.
다시 돌아다니고 싶어요.
친구들과 노는 것이 당연하지 않게 된 거요. 주말마다 맨날 놀았는데 코로나로 못하게 되는 게 많아요.
　　　　　　　　　　　　　　　　　　　　　　　　　　　　-6학년 학생들

　코로나로 변화된 것들을 이야기할 때 대부분의 학생이 만남의 한계를 이야기합니다. 그것은 지금 현재를 살아가는 모든 이의 생각이겠지요. 학생들이 서로 연결되는 지점의 형태는 변했으나, 누군가와 연결되고자 하는 그 마음은 변하지 않았습니다.

　학교 안에서 많이 변한 것 중 눈에 유독 들어오는 것은 바로 학생들 간 자치활동에서 만나는 양상입니다. 변화된 수업 형태와 의사소통 양상으로 학생자치회 업무 담당교사가 낯설어하는 것이 바로 비대면 학생자치회 활동입니다. 담당교사가 대부분 비대면 자치활동 경험이 없기 때문입니다.

그러나 정작 학생들은 비대면 학생자치회에 대해서 거부반응이 없는 편입니다. 오히려 자신의 얼굴을 거울로 보는 것처럼 영상 속 자신의 얼굴에 흥미를 느끼고 편하게 대화하는 모습을 보여줍니다. 또한 짧은 노래에 맞춰 손동작과 표정을 바꿔가면서 영상을 찍어 자신의 친구들과 공유하고, 친구들과 게임을 하면서도 동시에 대화하는 게 가능한 것만 보더라도 우리 학생들은 코로나로 인한 비대면 자치활동 그 모습 자체에 대해 거부감은 없습니다. 단지 비대면보다 대면으로 만나서 손을 잡고, 서로 가까운 거리에서 이야기 나누고 활동하기 원하고 있는 것을 알 수 있습니다.

> 학생 자치 왜 해요?
> 방과후 가야 해요,
> 학원 가야 해요,
> 센터 가야 해요.

한편, 학생들의 개별 일과를 보면 정말 바쁘게 하루를 보내는 것을 알 수 있습니다. 간혹 회의 참여와 활동에 부담을 느끼는 친구들이 있습니다. 그런데 비대면회의를 통해서 오히려 학생들은 어느 곳에서든지 회의에 참여할 수 있다는 이점이 생겼습니다. 이는 새로운 교육 환경에 걸맞은 다양한 방식의 학생자치회 활동을 모색할 기회를 가져다주었습니다.

그러므로 우리는 학생들에게서 무엇인가 뺏기보다 어떻게 학생들이 환경과 연결될 수 있을지를 고민하는 역할을 하여야 합니다. 온라인, 오프라인을 결합한 학생자치회 활동으로 자기결정권과 책임감을 갖춘 민주시민을 기를 수 있을 것입니다. 자율성, 공공성, 연대성을 기반으로 학생이 주도하는 학생자치 문화를 조성하기 위해 코로나로 변화한 것들에만 초점을 두지 않았으면 합니다. 오히려, 우리의 환경이 변해도 자치활동에서 변하지 않는 것이 무엇인지를 고려하고 나아간다면 온라인 환경에서의 학생자치회 활동의 자율성을 보장하고 새로운 방식의 학생자치 활성화가 이루어질 수 있을 것입니다. 서로가 연결되는 자치활동을 위한 몇 가지 운영 모습을 살펴보고자 합니다.

비대면 학생자치회 운영

변화된 교육 현장의 모습 속에서 온라인 학생자치회 활동이라고 하지만, 실제 과정을 들여다보면 온라인과 오프라인의 모습들이 함께 보입니다. 그래서 블렌디드 학생자치회 활동이 진행된다고 생각하면 됩니다. 학생들의 학교생활과 연결된 삶을 위한 자치는 실제성을 배제할 수 없기 때문입니다. 정보화 기기와 온라인 플랫폼을 활용하여 학생자치회 활동 운영 과정 중 일부 또는 전체 과정을 온라인 활동으로 운영하는 것을 블렌디드 학생자치회 활동이라고 할 수 있겠습니다. 이때, 어떤 것은 자치활동이고 어떤 것은 아니라고 구별 짓기보다는 온·오프라인으로 운영되는 모든 부분이 학생자치회 활동이라고 할 수 있겠습니다.

비대면 학생자치회 구성

기존의 학생자치회 선거를 바탕으로 변화된 상황 속에서 다양한 방식으로 학생자치회를 구성할 수 있습니다. 선거운동을 대면과 비대면을 병행하며, 투표 역시 온라인 투표와 직접 투표를 병행하기도 하고, 투표 기간을 하루로만 할 것이 아니라 투표 기간을 확대하거나 분산하여 시행이 가능합니다.

온라인 선거

온라인 선거로만 진행하는 경우를 살펴보겠습니다. 문자 메시지나 SNS, 학교 홈페이지 등을 통해 선거운동을 실시합니다. 후보자가 직접 온라인상에서 홍보영상이나 사진, 포스터 등으로 선거운동을 하거나 선거운동원이 활동할 수 있겠습니다. 그런 다음, 합동으로 소견 발표를 합니다. 소견 발표는 다양한 실시간 스트리밍을 통해 진행하거나 쌍방향 원격 수업 프로그램 등을 활용하여 공약을 발표할 수 있습니다. 투표의 경우는 중앙선거관리위원회 온라인투표 시스템을 이용하거나 그 부분이 어렵다면 주요 사이트의 투표 기능을 활용할 수 있습니다.

온라인과 오프라인 결합한 형태

온라인과 오프라인이 결합한 형태를 살펴보겠습니다. 온라인을 활용하여 후보를 등록하고, 선거운동을 하고, 공약 발표 후 직접 투표를 실시합니다. 학생 등교 상황에 따라 투표 기간을 늘려서 해야 하며, 이동

온라인 선거운동 포스터   중앙선거관리위원회 온라인 투표 시스템

식 투표함을 활용할 수도 있습니다.

소액의 비용으로 중앙선거관리위원회 투표 시스템을 활용할 수 있습니다. 다양한 투표 프로그램이 있는데, 부정투표나 대리투표에 유의해야 합니다. 동영상을 탑재할 경우 공개 범위와 기간을 최소한으로 설정합니다.

비대면 첫 만남

막상 비대면 학생자치회의 첫 만남을 학생들에게 안내하는 것조차도 주저하는 경우가 있습니다. 이때 담임선생님들에게 협조를 구할 수 있습니다. 우선 학생 개별 전화나 핸드폰 전화가 있으면 연락하기에 수월합니다. 이때는 자신의 연락처 공유를 공개해주는 친구에 한해서 전달을 받습니다. 그 친구들에게 우선 교사가 SNS나 LMS 등을 통해 학생들의 첫 만남을 연결합니다.

비대면 학생자치회는 같은 공간에서 만나는 대면회의와 다르지 않다는 것을 학생들과 충분히 이야기해야 합니다. '회의는 이야기를 나누는 것이다', '자치는 스스로를 다스리는 것이고 서로 맞춰가는 것이다'라고 이야기해줘야 합니다.

그럼에도 학생들이 서로 의견을 주고받을 때 소통의 방향이 특정 학생에게 치우치면 어떡하나 하는 등의 고민으로 어려워하는 경우가 있습니다. 그래서 아래에서는 온라인 회의, 오프라인 회의, 온·오프라인 결합 회의 등 회의 운영 방법을 살펴보고자 합니다.

비대면 학생자치회 운영 시 활용 가능한 방법

학생자치에서 스스로 문제 의식을 느낀 부분을 서로 공유하고, 의사 결정을 하는 회의의 과정은 학생자치의 밑바탕이 되는 중요한 부분입니다. 학생자치를 실천하고 실행하기 위한 튼튼한 초석이 바로, 학생자치회 회의입니다. 학생자치회 회의는 민주시민성을 골고루 신장시킬 수 있는 활동입니다. 회의 안건을 정하기 위해서는 평상시에 학생들이 주인의식을 가지고 학교에서 발생하는 일에 관심을 가지고 문제를 발견할 수 있어야 합니다.

이 과정에서 더욱 원활한 의사소통을 위해서 다양한 도구를 활용할 수 있습니다. 그런데 왜 이러한 도구를 쓰는지 그 까닭에 대한 고민이 없으면, 어떠한 도구나 기법은 담당교사와 학생들을 오히려 힘들게 만들 수가 있습니다. 도구 사용에 앞서서 가장 필요한 것은 신뢰입니다. 우리의 문제는 우리가 가장 잘 알고, 우리가 가장 잘 해결할 수 있다는 믿음입니다. 그 믿음이 있다면 도구를 사용해서 우리에게 필요한 정답을 얻는 것이 아니라 함께 걸어가는 우리가 해답을 함께 만들 수 있을 것입니다.

다양한 도구를 사용할 수 있습니다. 도구를 꼭 정해진 단계에만 사용하지 않고 상황에 알맞게 사용하면 됩니다. 이해도를 돕기 위해서 단계에 따라 사용 가능한 도구를 예시로 제시해보았습니다.

회의 전-구글 설문 사용하기

대의원회에는 많은 인원이 참여하므로 회의에서 결정할 내용을 사전에 협의하는 것이 중요합니다. 구글 설문을 통해 대의원회 회의 참여 여부와 회의 안건을 받을 수 있습니다. 안건에 대하여 사전 토의가 필요하면 패들렛이나, e학습터를 사용하여 토의할 수 있습니다. 대의원회 시작 전에 결정해야 할 사안을 정리하여 사전에 공유합니다.

구글 설문으로 안건 모으기 예시

패들렛으로 의견 모은 화면

회의 전 또는 중-패들렛 사용하기

패들렛을 사용하여 학생자치의 필요성, 자기 결정권, 책임감, 온라인 소통 시 지켜야 할 에티켓에 대한 내용을 미리 나눌 수 있습니다. 그리고 우리 반만의 토론의 형식을 연습하는 시간을 별도로 가져보는 것도 좋습니다. 이때, 제목에는 자기 이름을 쓰고 내용 부분에는 자신이 생각하는 바를 구체적으로 적는 게 중요합니다. 이때 동일한 의견을 새로 생성하는 것보다 다른 친구의 의견을 읽고 공감하거나 의문 나는 점 등을 댓글로 덧붙여 가면서 랜선 토론을 진행할 수 있습니다.

의견의 유목화는 등교일에 진행할 수 있으며, 함께 공유할 수 있는 공간에 게시해두는 것도 좋습니다. 패들렛은 무료 이용 시 3개까지 항목을 만들 수 있습니다. 회의가 끝나면 PDF, 그림 파일 등 다양한 형태로 저장하여 활용할 수 있다는 장점이 있습니다. 유료회원으로 사용하게 되면 화면 제한이 없고 동영상 파일로 업로드할 수 있다는 장점이 있습니다.

회의 중-원격화상시스템

소회의실 기능을 통하여 분임 토의를 할 수 있다는 장점이 있습니다. 학년별 회의, 부서별 분임회의를 소회의실 기능을 사용하여 회의한 후 전체 회의실로 복귀하여 회의 결과를 공유할 수 있습니다. 다수 인원이 참여하는 경우에는 회의 시작 전에 회의에서 지켜야 할 약속들을 함께 이야기하는 것도 좋습니다. 활동하는 부서가 있다면 이름을 부서명으로 설정하는 것이 한눈에 파악되어 좋습니다. 부서 활동을 하지 않는다면 학년과 이름으로 기재하여도 됩니다. 회의실 입장 시에는 별도의 소음이 있을 수도 있으니 음소거하고, 발언 시에는 음소거 해제 후 발언하도록 하여야 합니다. 각자 상황이 다를 수 있지만 가장 효과적인 의사소통은 카메라를 켜고 얼굴을 바라보며 하는 것입니다.

줌(zoom), 팀즈(teams), 미트(meet)라는 원격화상시스템을 학교에서 많이 사용하고 있고 근래에는 네이버 웨일온 원격화상시스템을 도입하는 학교도 늘어나고 있습니다.

회의 후–학교 홈페이지 사용하기

다른 플랫폼이 아니라 기존에 구축되어 있는 플랫폼인 학교 홈페이지를 이용하는 것도 방법입니다. 학교 홈페이지를 사용하면 우리 학교 공동체라는 인식이 자리 잡을 수 있습니다. 학생자치회 관련 게시판을 개설하여 건의 사항을 기재한 후 댓글 기능을 활용할 수 있습니다. 자신이 동의하는 의견에는 "동의"라고 댓글을 남길 수 있습니다. 오프라인 학생자치회나 온라인 회의 개최 시 안건으로 삼을 수 있는 의견을 제안하는 형태로 가야 합니다. 대의원회에서는 학생들의 동의가 많거나 타당한 건의 사항에 대해서 댓글로 답변하거나 안건으로 제안할 수 있어야 합니다.

게시판의 경우는 학급학생자치회 회의 주제 발의, 학교 행사 안내의 통로로 사용할 수 있습니다. 학생들은 자유롭게 학급학생자치회 회의 주제를 게시판에 등록하고 이에 대한 의견을 공유합니다. 본인의 글에 댓글이 달리면 지속적인 의견 교환이 가능합니다. 또한 학생자치회의 활동 정보를 공유할 수 있습니다. 학급 행사 사진, 동영상, 파일 등을 공유할 수 있습니다. 학사 일정, 학생 생일 등을 캘린더에 등록하고 확인하는 것도 가능합니다. 요즘은 학교 홈페이지에서 주제에 따라 투표 기능도 활용할 수 있습니다.

학급-학교학생자치 함께하기

학급-학교학생자치를 연결하는 방법

학교에서 모든 학생이 다 모여서 협의회를 진행하고, 의사 결정을 하고 결정을 실천하는 직접 민주주의 형태의 학생자치회를 다모임이라고 지칭하는 경우가 많습니다. 대부분 작은 학교에서 찾아볼 수 있는 운영 형태이지만 근래에 중소규모 학교의 비율이 높은 지역에서는 점차 다모임에 대한 관심과 시도가 많아지고 있었습니다. 그러나 코로나 확산으로 인해서 그 시도가 다시 주춤거리고 있습니다. 그래서 학급회-대의원회로 나누어 운영하는 일반적인 방법과 내용을 이야기해보고자 합니다.

학교학생자치는 임원 간의 회의가 잘 이루어지는 것만으로 온전한 과정이라고 말하기는 어렵습니다. 회의는 잘했어도 실천하지 않고, 반성하지 않으면 자치의 진정한 의미와는 거리가 생깁니다. 또한 학생자치회에 주어지는 시간, 공간, 예산의 권리를 학급의 임원과 학생자치회 임원을 포함한 소수의 학생만 누리게 되면 학급자치와 학교자치가 분리되는 것이라 볼 수 있습니다. '자치할 수 있다'라는 믿음은 학급자치의 경험에서 생긴다고 생각합니다.

어느 날의 일입니다. 쉬는 시간이 끝나고 다음 수업이 시작되었습니다. 그런데 ○○이의 자리가 비어 있습니다.

"○○이 어디 갔는지 알고 있는 친구 있나요?"

"아까 복도에서 저랑 공기놀이했어요."

5분이 지나도 오지 않습니다. 화장실에서 큰 볼일을 보고 있다는 생각이 들었습니다. 머릿속에 많은 생각이 스칩니다. '배가 많이 아픈가? 남학생이니 남자화장실에 남학생을 보내볼까? 내가 문밖에서 ○○이의 이름을 불러볼까?' 여러 생각이 스치는 순간, "선생님 저 쉬는 시간에 화장실 못 갔는데, 잠깐 갔다 올게요." 하고 한 남학생이 말했습니다.

"아~ 그래요. 다녀오세요. 화장실 간 김에 ○○이 있는지 확인해주세요."

조금 뒤 두 사람이 교실로 들어왔습니다. 매우 큰 목소리와 강한 어조로 이야기했습니다.

"선생님, 1층 화장실에는 화장실 안에도 휴지가 있는데, 우리 화장실에는 휴지가 화장실 들어가는 입구에만 있어요?"

"무슨 일 있었어요?"

이야기를 나눠보니 갑자기 배가 아파서 화장실에 들어갔는데, 변기 옆에 휴지가 없는 것을 깜빡하고 들어갔다는 것입니다. 갑자기 똥이 마려울지 어쩔지 모르는데 휴지가 화장실 안에 없어서 뒤처리를 하지 못하고 화장실 안에서 나오지 못했다는 것입니다.

"아이고 속상했겠네요. 그럼 우리가 무엇을 어떻게 바꿔볼까요?"

그날 학급에서 이야기된 것은, '휴대용 화장지는 가지고 다니자, 우리 반에 있는 화장지를 화장실에 걸어주자, 행정실에 가서 학교 화장지를 우리가 걸 수 있는지 물어보자, 화장지를 주기적으로 걸어주실 수 있는 선생님께 요청하자' 등이었습니다.

그런데 학생들이 이야기한 것은 예전 4-5학년 때 화장실 1칸에 화장지를 놔두니 누가 계속 화장지를 많이 뜯어서 변기통에 넣거나 변기 주변에 그냥 풀어놓는 경우가 있었다고 했습니다. 그래서 그 뒤 교사용 1층 화장실 안에만 휴지가 있고, 학생용 화장실에는 휴지가 없다는 이야기가 오고 갔습니다. 화장지를 놓아도 그 뒤에 문제가 생길 수 있으니, 우리가 책임질 수 있게 전교학생자치회에서 건의 사항으로 제안해보자고 하였습니다. 다른 학생들도 이러한 어려움이 있는지 이야기 나눠보고 싶다고 하였습니다.

학생들은 우선, 학생자치회 회의가 있기 전까지는 반에서 준비한 휴지를 화장실 1칸마다 놓아보고 책임 있게 사용해보자고 하였습니다.

이렇듯 사소한 것이라도 학생들이 자신들의 삶 속에서 문제들을 스스로 해결할지, 누군가 해결해주길 기다릴지, 이에 대한 어떠한 과정이든 경험해야 합니다. 그리고 학급자치로 연결되는 과정은 꼭 필요합니다. 초등학교에서는 실생활 단위인 학급학생자치가 중요합니다. 수업과 생활의 대부분이 학급이라는 공간에서 담임교사와 학생들과 함께 이루어지며, 그 안에서 나름의 규칙이 만들어지고 적용되기 때문입니다.

그렇다고 학급학생자치로만 머물러선 안 됩니다. 학급 내 생활 문제 해결을 넘어 학년과 학교 전체에 대한 문제 해결과 문화 만들기 활동으로 확장되고 연결되어져야 온전한 삶 속의 자치가 실현되기 때문입니다.

학급회의 결과를 반영하는 과정을 그림으로 표현해보면 다음과 같습니다.

학급학생자치회에서 학생들의 자발적 참여를 이끌어내기 위해서는 학급의 중요한 일을 스스로 결정하고 지키려는 노력이 있어야 합니다.

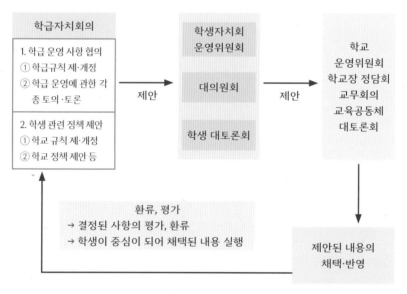

참고: 《학교, 민주시민교육을 만나다!》, (김성천 외, 맘에드림, 2019)

학급자치회의 의견이 학교 전체에 반영되는 경험은 학생들의 자발적 참여를 이끌어냅니다. 이를 학생들이 이해하기 쉽게 도식화하자면 다음과 같이 표현할 수 있습니다.

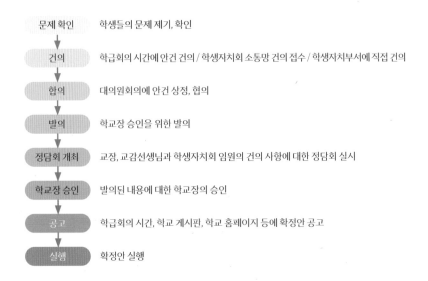

각 단계가 체계적으로 진행되지 않을 수 있습니다. 우리의 삶에서 언제 어떠한 일이 일어날지 모르는 것처럼 말이죠. 체계나 단계에 얽매이기보다는 학생 개개인의 역할의 중요성이 강조되었으면 좋겠습니다.

학급에서 다양한 건의 사항이 모아져 학생자치회에 안건으로 건의됩니다. 이때, 모든 안건을 회의에서 다룰 수 없으므로 기준을 세워 안건을 분류하는 활동을 꼭 하여야 합니다. 그 기준의 첫 번째는 문제 해결을 위한 범위입니다. 학생자치회 스스로 해결 가능한 안건인지, 학교 선생님들과 함께 해결해야 하는 안건인지, 학교 밖 사람들과 함께 해결해야 하는 안건인지 분류해보면 건의 사항을 전달할 방법 또한 자연스럽게 결정될 수 있습니다.

안건을 분류하는 또 다른 기준은 시기입니다. 당장 급하게 해결해야 하는 안건인지, 한두 달 정도로 해결 가능한 안건인지, 한 학기나 일 년 안에 해결 가능한 안건인지에 따라 분류할 수 있습니다.

그런데 사실 학생자치회 학생들의 경험이나 안목에 따라서 분류하는 과정이 어려울 수도 있습니다. 이때는 담당교사가 전년도 학생자치회 활동, 회의록을 분류하여 몇 가지 예시를 보여줄 수도 있습니다.

학생자치회 스스로 해결 가능한 안건	교장선생님, 행정실 등 학교 선생님들과 함께 해결할 안건	학교밖 사람들과 함께 해결할 안건
복도에서 시끄러운 문제 바른말을 쓰지 않는 문제	학교 재활용 분리수거 문제 운동장 사용 문제	학교 주변 교통안전 문제 등

학생 퍼실리테이터

각 학급임원이 퍼실리테이터로 활동할 수 있도록 학생자치회에서 지원해줍니다. 대표 학생들이 조력자와 촉진자로서의 역할을 할 때, 리더들이 살아 움직이며, 모두가 필요에 따라 리더가 될 수 있는 학급자치, 학교자치가 구현될 것입니다.

다인수 학교에서는 무엇보다도 대의원회에 참여하는 각 학급 대표들의 역할이 정말 큽니다. 그들은 학급 학생들의 퍼실리테이터로서 역할을 합니다. 타율적으로 정해진 질서와 관계에 맞춰서 살아가지 않고, 학급의 학생 한 명 한 명이 학교의 주인으로 주체화될 수 있도록 각 학급

대표들이 마음과 능력을 공유해야 합니다.

여기서 퍼실리테이팅 또는 퍼실리테이션이란 둘 이상의 집단이 효율적으로 최선의 시책을 돕는 의사 결정 방법론입니다. 솔직한 생각을 공유할 수 있는 안전한 분위기를 만드는 것에서 시작해, 자신의 생각을 꺼내어 다른 사람의 생각과 비교하고, 탐색하며 서로의 관점을 확장해 최선이면서 동시에 모두가 받아들일 수 있는 결정을 도출하도록 돕습니다. 이 과정에서 당연히 의견 충돌과 갈등은 있습니다. 이를 생산적으로 관리하면서도 효율적으로 돕는 방법이 퍼실리테이션입니다.

퍼실리테이터는 회의 구성원간 상호작용을 촉진하여 결정할 수 있도록 돕는 사람입니다. 집단 구성원들이 상호작용하는 모습을 관찰하고 그들의 대화를 경청하며, 집단 구성원들이 서로 협력하고 능동적으로 방법을 찾을 수 있도록 격려하고 돕는 사람입니다.

'성인이 퍼실리테이터로 역할을 하기도 어려운데, 학생에게 이러한 역할을 요구하는 것은 과한 거 아닌가?'라는 생각이 들 수 있습니다. 그런데 학생의 경험, 생각, 느낌을 누구보다 잘 아는 것은 바로 학생입니다. 학생들의 조력자가 학생이 되는 것입니다. 교사가 무엇인가 놓치고 있을 때, 학생들은 서로를 독려하고 점검하고, 자치활동 참여에 문제를 느끼거나 소외감을 느끼는 학생들을 누구보다도 빨리 찾습니다.

학생자치회 회의 퍼실리테이터로서 임원의 자세에는 어떤 것이 있을지 리더십 캠프, 회의 약속에서 이야기할 수 있습니다. 예시를 제시하면 다음과 같습니다.

우리 학교 학생들을 진심으로 사랑하고 아끼자!	맡은 역할에 충실하고 책임감 있는 리더가 되자
"나를 믿고 뽑아준 학생들이 있습니다!" 진정으로 아끼고 사랑하는 마음이야말로 학생자치회 리더로서 가져야 할 중요한 자세입니다.	"선거 끝나고 당선만 되면 끝!" 선거 때만 반짝, 막상 당선되어서는 공약도 안 지키고 학생들을 위해서 아무것도 하지 않는 학생자치회 때문에 이러한 이야기를 들은 적 있나요? 임기 기간에 최선을 다해 공약을 실천하고 열심히 실천합시다.
함께 일하는 학생자치회 임원들끼리 소통하고 배려하자!	하던 대로 반복하는 방식보다 참신하고 톡톡 튀는 새로운 방식으로 도전하자!
학생자치회 활동에 있어서 중요한 가치 중 하나는 공동체 정신입니다. 임원들이 독단적으로 학생자치회를 운영하고 있지는 않은지 항상 돌아봅시다.	오랜 시간 해오는 문화는 중요합니다. 그런데 귀찮아서 작년에 하던 대로 똑같이 반복하고 있다면 잠깐 멈춰서 생각해 봐야 합니다.

학교(학부모회 연계), 마을(지역)로의 확장

> 학생자치회만 꾸려가기도 어려운데 학부모회와 연계하여 활동하라구요?
>
> 학교 교실에서 학생들과 자치활동 하기도 벅찬데, 학교 밖도 연계해서 하라고요? 너무 교사의 희생을 요구하는 거 아닌가요?
>
> 제가 이 지역에 대해서 잘 알고 있지 않는데, 학생들이 지역에서 어떠한 활동을 할 때, 제가 이어 줄 수 있는 역량이 안 됩니다.
>
> -학생회 업무 담당교사들

　미래사회를 예측하면서 공간의 확장성을 이야기합니다. 진정한 학생자치가 실현되기 위해서는 교육공동체가 학교 운영이나 교육 활동 전반에 걸쳐 민주적으로 참여할 수 있는 학교 시스템이 마련되어야 합니다. 그러면 진정한 학생자치, 어떻게 하면 실현될 수 있을까요?

　학생들이 학교에서 보내는 시간 이외의 삶에서 자치와 협력의 기회가 얼마나 보장되고 있는지, 얼마나 실현되고 있는지를 들여다보면 안타까운 마음이 들 수밖에 없는 실정입니다. 우리는 안타까운 마음을 느끼는 것에서 멈추지 말고 그럼 어떻게 학생들의 삶을 함께 안고 갈 것인지 생각해야 합니다.

　즉, 학생자치에는 학교자치, 학부모자치, 지역사회와의 소통도 포함되어 있습니다. 현실적으로 학생자치가 활성화되지 않은 학교가 많습니다. 그런 학교들을 자세히 살펴보면 해당 학교 교직 문화도 권위주의, 관료주의 성향에 하향식 의사 결정 구조인 경우가 많습니다. 대개 교직 문화가 수평적 문화, 상향식 의사 결정 구조를 가진 학교는 학생 자치도 비례적으로 활성화되어 있습니다.

또한 최근 마을교육, 지역교육이 강조되면서 마을에 있는 다양한 사회구성원들이 학생들의 성장을 돕는 데 기여하고 있습니다. 그런데 이 과정에서 학생들을 주체적으로 성장할 수 있는 협력자가 아니라 단지 교육의 대상, 프로그램의 수요자로만 여겨서는 안 됩니다. 학생들이 어른들에 의해 잘 짜여진 프로그램 안에서 시민으로서의 경험을 하게 되거나 강요받게 되어서는 안 됩니다. 학생들은 함께 살아가는 사람들 속에서 민주적 절차와 활동을 경험할 수 있어야 합니다.

그렇기에 우리는 학생자치회를 통해서 학생을 둘러싸고 있는 울타리에 함께하는 사람들과 공동의 마음가짐을 가져야 합니다. 이러한 교육공동체와 학생자치회의 연결 사례를 살펴봅시다.

학생자치 네트워크, 청소년 교육의회

각 시도 교육청별로 학생자치를 지역의 수준에서 활성화하기 위해 교육지원청 차원에서 시군별 학생자치 네트워크와 청소년 교육의회를 운영하고 있습니다. 학생자치 네트워크는 학교의 학생자치회 학생들을 연결하여 활동 상황을 공유하고 학생자치회 학생들의 자치역량 강화를 위하여 리더십 특강을 여는 등 학생들이 학생자치회 활동을 더 잘할 수 있도록 지원하고 있습니다. 이러한 네트워크에서 교류하는 시간을 통해 다른 학교의 상황을 알고 우리 학교의 학생자치 현황을 점검해보고 학교를 개선하기 위한 방안을 고민하며, 어려운 점을 함께 나누면서 함께 성장하는 기회를 만들어가고 있습니다.

청소년 교육의회는 지역이나 학교의 교육 등 청소년의 삶에서 어려운 점을 찾아보고 개선해나가며 정책을 제안하기 위하여 시작되었습니다. 초등학교 5학년부터 고등학생들이 모여 지역의 다양한 문제점을 살펴보며 지역교육 관련 정책에 직접 참여하여 정책을 제안합니다. 토론회 또는 교육장과의 정담회에서 의견을 전달하고 민주시민이 되기 위한 다양한 주제의 교육 활동에 참여하고 있습니다. 또한 지역별 청소년 교육의회와 활동을 공유하며 민주시민 역량을 길러가고 있습니다.

그런데 이때, 학생자치 임원단의 참여는 필수가 아닌 선택임을 잊지 말아야 합니다. 의무적으로 참여하도록 강제성을 두지 말고 학생 자신의 참여 의지로 보호자의 동의가 수반된 가운데 참여할 수 있게 해야 합니다. 그러니, 시군별 학생자치 네트워크, 청소년 교육의회를 학생자치 임원에게 제안하기에 앞서 참여의 필요성, 참여의 의의, 참여해서 할 수 있는 역할 등을 자세하게 안내해주어야 합니다.

마을교육공동체와 함께하는 학생참여 교육 활동

마을학교와 연계 교육, 마을교육 프로그램, 마을자원을 활용한 프로젝트 등 학교 현장에서 마을(지역)과 연계한 교육활동이 전개되고 있습니다. 그런데 백화점식 활동이 아니라 마을교육공동체 속에서 학생들의 교육 자치가 구현될 수 있도록 어른들이 살아가는 과정, 협의하는 과정을 있는 그대로 보여줄 수 있어야 합니다. 많은 프로그램을 제시하기보다 학생들 의견이 자신들과 함께 살아가는 어른들에게 전달되는 경

7장. 잇고, 잇다 학생자치의 공간성 확장

험을 만들어주는 것이 우선시되어야 합니다. G학교에서는 학생들이 바꾸고 싶은 점, 마을, 지역사회에 원하는 점을 정기적으로 전달합니다. 마을 축제, 마을 마켓에서 어린이들이 참여할 기회를 달라는 목소리를 전달하고, 협의체에서 학생들이 자발적으로 참여할 수 있는 놀이 문화, 경제 개념, 예술교육 등을 이야기하게 되었습니다.

마을로의 확장을 업무라기보다 학생들의 의견을 실현하기 위해 든든하게 응원하는 사람들이 함께 살아간다는 믿음을 학생들에게 전달하는 하나의 통로라고 생각하면 좋겠습니다.

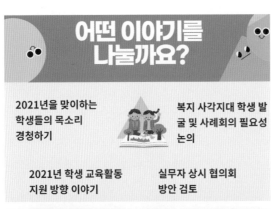
마을교육협의체 의견 전달

지역 마켓 참여 활동 모습

Q. 신규교사라 힘들어요.

_학생자치를 신규교사에게 맡기면 안 되는 까닭

"선생님, 학생자치로 뭐가 어려운가요?"

"제가 신규교사라서요."

"…"

학년 초, 밴드(초등자치)에서 '학생자치 무료 특강'을 열며 학생자치 담당교사로서의 어려움을 물었습니다. 신규교사 한 분이 학생자치를 맡았는데 뭘 해야 하는지 모르겠다고 합니다. 살펴보니 한두 분이 아닙니다. 많은 학생자치 담당교사가 신규교사 또는 아직 몇 해 경력이 되지 않는 분들입니다.

그때는 힘내시라, '초등자치' 밴드에서 그 길을 찾으시라, 할 수밖에 없었습니다. 그러면서 든 생각은, '신규교사에게 학생자치를 맡기면 안

된다'는 것입니다. 그 까닭이야 수도 없이 많겠지만 세 가지만 간단하게 말해보려 합니다.

첫째, 신규교사는 학급살이도 벅찹니다.

신규교사라 하면, 이제 발령을 받은 선생님입니다. 학생들과 행복을 꿈꾸며 가슴 설레는 때입니다. 얼마 전 신규교사를 대상으로 한 강의에서 행복한 때를 여쭸습니다. 한결같이 학생들이 해준 한마디(복도에서 뛰었길래 왜 뛰었냐고 물어봤는데, 선생님 보고 싶어서 뛰어왔다고 배시시 웃는 학생을 보았을 때, 학생이 먼저 나서서 안아주며 '선생님 사랑해요'할 때, 어색해하던 학생들이 먼저 말 걸 때)라고 합니다. 이런 행복으로 살아야 할 때입니다. 그런데 학생자치는 이런 행복을 많은 부분 겪고 있습니다. 신규교사들께 '행복한 교사로 사는 데 힘들게 하는 것은?'은 하고 물으니, 학생과 학부모가 제일 많습니다. 아직 학생과 학부모 관계가 어려운 것은 당연합니다. 이어서 가장 많은 게 업무였습니다. 신규교사는 업무보다는 학급살이, 학생과 학부모와의 만남에 더 집중해야 합니다.

둘째, 학생자치는 학교를 알아야 할 수 있습니다.

학생자치: 학생이 주체가 되어 학생의 권리를 보장하기 위하여 학교의 교육활동과 학교 주요 정책에 의견을 제시하고 일상에서 당면한 문제를 민주적인 절차와 방법으로 해결해나가는 조직.
　　　　　　　　　　　　　　　　　　　- 《학생자치 길라잡이》(경기도교육청)

학생자치의 정의에도 나타나듯이 학생자치를 하려면 학교 교육활동과 주요 정책을 알아야 하고, 문제를 민주적인 절차와 방법으로 해결할 수 있어야 합니다. 신규교사가 어떻게 학교 교육활동과 주요 정책을 꿰뚫을 수 있을까요? 예를 들어, 학급회의를 해본 적이 없고, 하는 방법도 잘 모르는데 그 안내를 해야 합니다. 학급임원선거도 안 해봤는데 전교임원선거를 치러야 합니다. 학급에서 생일잔치 같은 행사도 안 해본 신규교사가 각종 학생자치 행사를 해야 합니다. 아무리 생각해도 말이 안 되는 상황입니다. 더 큰 어려움은 학생자치회 학생들과 관계입니다. 흔히 학생자치 담당교사는 학급을 하나 더 맡는 것과 같다고 합니다. 그만큼 그 학생들과 함께 할 일이 많습니다. 이는 그 학생들과 소통하며 일을 꾸려야 한다는 말입니다. 학급 학생들만으로도 힘에 겨운 신규교사가 학급 학생이 아닌 학생자치회 학생들과의 관계까지 고민해야 합니다. 〈학생자치 길라잡이〉에 나오듯 학생자치는 학교를 어느 정도 알아야 할 수 있는 일입니다.

셋째, 학생자치는 함께해야 합니다.

3월 말과 4월 초에 많은 선생님들이 '초등자치' 밴드에서 학생리더십 캠프 강사 요청을 했습니다. 밴드 운영진이 나눠 맡으며 도왔습니다. 이때, 리더십 캠프를 여는 교사의 처지가 되어봅니다. 선생님은 리더십 캠프 계획을 세웁니다. 신규교사에게는 정말 어려운 일일 수밖에 없습니다. 그럼에도 작년 계획을 참고하고 밴드 선생님들 도움을 받아 계획을 세웠습니다. 계획을 세우고 보니 행사 진행을 위해 준비할 게 많습니다. 공동체 놀이를 위해 다목적실이나 체육관을 써야 하고, 부서별 모둠 회의를 위한 공간(교실)이 있어야 합니다. 이런 공간을 쓰기 위해 미리 안내해 겹치지 않게 하고 사용법을 익히며 담당자에게 말해야 합니다. 학교 시설도 잘 모르고 학교 조직이 낯선데 이런 일을 하려면 묻고 또 물어야 합니다. 행사를 하나 해도 마찬가지입니다. 행사를 위해 기획하고 기안(행사 때마다 기안할 필요가 없을 건데 대부분 학교가 요구합니다)하고 준비물을 챙깁니다. 학생들에게 안내하고 행사를 진행합니다. 그 뒤처리까지. 이때 학생자치회 담당교사는 학생자치회 학생들 담임에게도 수시로 안내하며 부탁해야 합니다.

학생자치 업무를 왜 신규교사에게 주는가? 사실, 힘든 일이기 때문입니다. 그러니 신규교사에게는 얼마나 벅찰까요.

Q. 학생자치회는 처음부터 학생들이 다 해야 하지 않나요?

학생자치회를 학생 스스로 운영한다면 그것만큼 좋은 게 없습니다. 그런데 우리가 만나는 학생자치회는 초등입니다. 초등이 아니더라도 학생자치회를 맡는 학생들도 처음 하는 일입니다. 뭐든 처음 하는 활동은 낯섭니다. 더군다나 혼자 하는 활동이 나에게 영향을 미치는 것이라면 실수도 하고 실패도 하며 배우고 커갑니다. 그러나 학생자치회는 그렇지 않습니다. 학생자치회로 하는 활동은 모든 학생에게 영향을 끼칩니다. 그러니 낯설어도 처음부터 제대로 할 수 있어야 합니다.

처음에는 담당선생님이 100% 다 한다는 생각으로 시작하는 게 좋습니다. 하나의 행사를 예를 들겠습니다. 무슨 행사를 할지(물론 학생자치회 대의원회나 운영위원회에서 무엇을 할지는 의논하는 게 좋습니다) 정할 때도 선생님이 알맞는 행사를 하나 생각하고 있는 게 좋습니다. 학생들이 무엇을 할지 정하지 못할 때 생각해둔 것을 넌지시 제안합니다. 행사 당일에도 선생님이 주도하여 진행합니다. 처음에는 선생님이 학생자치회 학생들에게 하나하나 부탁합니다.

그런데 한 번만 경험하고 나면 학생자치회는 힘이 생깁니다. 정말 그렇습니다. 두 번째는 첫 번의 절반도 힘을 쓰지 않아도 됩니다. 무엇을 할지 스스로 정하게 합니다. 그리고 첫 번째 행사 때 했던 것처럼 하도록 합니다. 물론 사이사이 진행 정도를 확인하며 도움말은 필요합니다. 그렇지만 딱 한 번의 경험으로 스스로 하는 모습을 보며 놀랄 것이라 확신합니다. 이렇게 학생자치회는 성장합니다.

하나만 더 덧붙이자면, 지속가능한 학생자치회가 되려면 모든 활동에 저학년을 함께 참여하도록 하는 게 좋습니다. 운영위원회나 행사 지원단을 6학년 학생들로 꾸려서 하는 게 가장 쉽습니다. 그렇지만 그래서는 지속가능하지 않습니다. 그 아래 학년 학생들이 함께하며 배울 수 있어야 합니다. 아래 학년 학생들은 학생자치회 활동을 하며 행복해하는 선배들 모습에서 제일 많이 배웁니다. 학생자치회에서 활동하겠다는 마음이 절로 생깁니다.

Q. 학교운영위원회는 어떻게 참가해야 하나요?

- 학교운영위원회 회의 시 학생 관련 사항에 대해 학생자치회 대표의 참여와 발언 보장
  (경기도교육청 학생자치 운영계획)
- 학교운영위원회 예산안 심의: 학생자치회장단 참여
  (교육부 학생자치회활동 자료집)
- 학교운영위원회에서 학생생활규정 등 학생생활과 밀접한 연관이 있는 안건을 다룰 경우 학생다
  모임 임원이 참관 자격으로 입회하여 의사를 개진할 수 있다.
  － 〈학생자치 길라잡이〉(전라남도교육청)

"학생이 주체가 되어 학생의 권리를 보장하기 위하여 학교의 교육활동과 학교 주요 정책에 의견을 제시하고 일상에서 당면한 문제를 민주적인 절차와 방법으로 해결해나가는 조직"이라는 정의에서 '학교의 교육활동과 학교 주요 정책에 의견을 제시'한다는 뜻은 의견을 낼 수 있는 기회가 학생자치회에 있어야 한다는 뜻입니다. 학교에서 주요 정책을 나누는 자리는 여럿입니다. 학교 관리자와 부장교사, 행정실장이 함께하는 기획위원회가 있습니다. 아울러 전체 교직원이 다 모이는 다모임도 있습니다. 여기서 논의한 주요 정책은 학교운영위원회에서 심의를 받습니다. 기획위원회나 다모임은 교사나 교직원이 삶과 교육에 대한 깊은 이야기를 나누는 자리라 학생자치회가 참여하기는 어렵습니다. 이에 학교운영위원회는 공식적인 자리로 삶을 나누기보다는 학교 주요 정책만 드러내고 그 시행 여부를 결정하는 자리라 할 수 있습니다. 이때 학생과 관련한 안건을 논의할 때는 학생자치회가 들어가 의견을 내도록 하라는 뜻입니다.

학교운영위원회에 의견을 낼 기회를 갖는다고 모든 회의에 다 들어갈 필요는 없습니다. 이 모든 것은 학교에 따라 다르지만, 보통 학기에 한 번 들어가는 편입니다. 이때 학생자치회 담당교사는 학교운영위원회 담당자에게 학생들이 참여할 수 있는지를 문의해야 합니다. 담당자와 논의할 때 학생 관련 심의 내용을 앞으로 둬 학생자치회가 참관하는 동안에 학생 관련 내용을 모으는 게 좋습니다. 보통 첫 시작을 함께하며 앞에서부터 학생 관련 안건을 심의합니다.

학생들이 학교운영위원회에서 의견을 내지만 그 내용이 실제로 크게 반영되는 것은 아닙니다. 그럼에도 참여가 필요한 까닭은 학생자치회가 학교의 정책에 참여한다는 생각을 할 수 있기 때문입니다. 참여하는 학생자치회 학생들도 자부심을 가집니다. 안건에 따라서는 학생들 의견이 실제 정책을 만들고 실천할 때 참고가 되기도 합니다.

Q. 교장선생님과 정담회는 어떻게 진행되나요?

학생들이 자치활동을 오롯하게 경험하기에는 주기적으로 하는 것이 좋습니다. 학기 초에 학생자치회와 교장선생님이 만나 한 학기 또는 일 년의 학생자치회 활동에 대해 전반적으로 이야기를 나눕니다. 그리고 매월 학생자치회 정기회의 후 교장선생님과 정담회를 할 수 있습니다. 교장선생님이 열린 마음과 열린 공간을 제안해주면, 수시로 만나 대화하는 것도 좋습니다.

정담회는 학생들에게만 좋은 것이 아닙니다. 교장선생님 입장에서도 학생들의 여러 가지 의견을 듣게 되고 학생들의 목소리를 학교 운영에 적극적으로 반영할 수 있습니다. 간혹 정담회 시 교장선생님이 주로 이야기하고 학생들은 듣는 경우가 생깁니다. 또는 학생자치회 담당교사가 학생들의 이야기를 대신 전달하기도 합니다. 이보다는 먼저 학생자치회장과 대표 임원들이 중심이 되어 학생자치회 회의 결과를 교장선생님께 이야기할 수 있도록 해야 합니다.

지난달 의제와 실천 결과를 반성하고 이번 달 계획을 교장선생님께 소개합니다. 더불어 건의 사항 또한 전달합니다. 교장선생님의 도움이 필요한 부분을 자유롭게 이야기 나눌 수 있도록 교장선생님은 학생들의 발언을 격려해야 합니다.

Q. 학생생활협약, 어떻게 만드나요?

여기서 생활협약은 학생생활규정을 말하지는 않습니다. 학생생활규정은 학생생활 전반을 다루는 규정이고 생활협약은 '교육 주체의 약속'이라 생각하면 쉽습니다. 학생자치회 담당교사는 '학생의 약속'을 생각할 수 있습니다. 생활협약은 학교생활 전체를 몇 가지(다섯에서 열)로 정할 수도 있고, 영역(생활, 수업, 가정 따위)을 나눠 정할 수도 있습니다.

생활협약은 모두가 함께 지킬 약속이기에 다 함께 만드는 게 좋습니다. 전교생을 모두 참여시키는 건 쉽지 않지만 두 가지 방법을 제안합니다. 먼저 대의원(학급 대표)제를 활용하는 방법이 있습니다. 대의원회에서 생활협약을 만들겠다는 안내(공지)를 하며 교실에서 학생들 의견을 받아오게 합니다. 이때 담당교사는 교사 다모임이나 학교 교직원 알림 방법으로 이 내용을 담임교사들이 알게 할 필요가 있습니다. 대의원이 진행할 때 담임교사가 도와주면 훨씬 효과가 나기 때문입니다. 학급 학생들의 생각을 받은 대의원들은 그 내용을 펼쳐놓고 필요한 것과 지킬 수 있는 것을 따집니다. 이를 학생자치회에서 정할 때 담당교사도 함께하며 길잡이 노릇을 하는 것이 좋습니다. 두 번째 방법은 전체 학생에게 설문을 받는 방법입니다. 학생자치회 게시판에 위의 내용으로 안내(공고)하고 학생들이 자유롭게 글을 쓰게 합니다. 비밀 투표함을 이용하거나 포스트잇을 활용해 붙일 수도 있습니다. 큰 종이를 두고 직접 쓰게 할 수도 있습니다. 이렇게 모은 내용을 정리하고 분류해서 생활협약을 정합니다.

이렇게 결정한 생활협약은 내부기안을 해서 결재를 얻습니다. 이어 학교운영위원회에 안건으로 상정해 심의를 받습니다. 개정이 필요할 때도 위와 같은 절차로 학생들 의견으로 개정하며, 그 결과를 기안하여 심의를 거칩니다.

Q. 학급회의를 학생자치회에서 챙겨야 하나요?

대답은 명쾌합니다. 학급회의로 챙겨야 할 것도 있고, 챙길 필요가 없기도 합니다.

먼저, 학급학생자치회 운영의 책임이 담임교사에게 있다는 생각이 필요합니다. 그러기에 학급회의도 담임교사가 책임지고 해야 합니다.

학급회의를 창의적체험활동에서 어느 정도(횟수와 시간) 할 것인지, 어떤 방법으로 회의 결과를 기록할 것인지도 담임교사 재량입니다.

담임교사들이 학급회의를 제대로 해본 적이 없을 수 있습니다. 이때 그 방법을 도와주는 게 학생자치회 담당교사의 몫입니다. 학년 초에 전체교사에게 학급회의 방법('초등자치' 밴드에서는 '좋-아-바' 회의를 추천하고 있습니다)을 하나 안내합니다. 이 양식에 알맞은 학급회의록 양식도 간단하게 만들어 보냅니다. 그러면서 '이건 참고하고 학급 재량으로 실시하세요'라고 하면 됩니다.

교육청에서 학급회의를 어느 정도 선에서 하라고 정해줄 때가 있습니다. 교육과정으로 내려올 수도 있고, 학생자치회 운영계획으로 내려올 수도 있습니다. 어떤 경로이든 이 시수는 확보해야 합니다. 그 뒤 운영과 책임은 담임교사의 몫입니다. 가끔 교육청에서 학급회의 운영시간을 묻는 말도 안 되는 공문이 오기도 합니다. 이때는 메시지를 보내고 들어오는 대로 보고하면 됩니다.

Q. 학생이 전학 가는 경우는 어떻게 하나요?

학교 임원 선출 규정에 따라서 합니다. 보통 학교에서 올리는 전교 또는 학급임원 선출 규정에는 다음과 같이 임원의 임기와 관련된 내용을 넣어서 선출 규정을 올려 결재받습니다.

전교학생자치회의 경우에도 회장이 전출할 경우 6학년 부회장이 그 임무를 대신하게 되며 따로 보궐선거는 하지 않고 있습니다. 전교 부회

가. 임기

임원의 임기는 1학기 / 2학기 동안으로 한다. 다만, 임기 중에 임원이 전출할 경우 보궐 선거를 실시하지 않고 공석으로 처리한다.

장이 전출할 경우에는 공석으로 둡니다.

하지만 이러한 사안은 학교마다 다르기에 아직 정해지지 않았다면 학교 구성원과 협의 후 정하기 바랍니다. 덧붙여 이럴 경우 나이스 기록과 관련해서도 그 처리가 지역마다 다르기 때문에 지역 교육청 담당 장학사에게 문의하여 기록하는 것이 가장 정확합니다.

Q. 행사 선물은 무엇을 줄까요?

행사에서 상품은 학생들의 참여를 높이고 학생자치회 임원들이 즐겁게 할 수 있도록 돕는 역할을 합니다. 상품의 목적에 따라 아래 예시를 적절하게 섞어 운영하기 바랍니다.

참가상

행사에서 상품을 주는 목적을 생각한다면 아마 '참여'와 '즐거움'일 것입니다. 그러기 위해 참가상을 준비해서 줄 수 있습니다. 참가상은 참가에 의의를 두고 주는 것이기 때문에 지나치게 과한 것보다 받았을 때 기분이 좋은 정도의 상품이 좋습니다. 또 전교생이 참여하지 못하더라도 전교생 수를 기준으로 물품을 넉넉하게 준비해야 합니다.

우수상

행사에서 참가상을 주면 고맙지만 날마다 참가상만 주면 재미가 없겠지요. 필요에 따라 우수 사례를 뽑아 시상하면 즐거움을 높일 수 있습니다. 다만 지나친 경쟁을 유발하지 않도록 너무 차이 나지 않는 상품을 준비합니다. 공정한 나눔을 위해 전교생의 의견을 받아 진행하기를 권합니다. 학년 또는 반마다 우수상을 주는 방법과 전교를 아울러 주는 방법이 있습니다. 학생자치회 임원들과 의논하여 어떤 방식으로 나누어 줄 때 더 행사 목적에 맞는지 고민하고 정해보세요.

상품 종류

먹을거리

먹을거리는 학생들이 좋아하기 때문에, 또 나누어주기 간편하기 때문에 가장 많이 쓰입니다. 먹을거리의 종류는 너무나 다양하기에 학생들의 의견을 받아서 진행하는 것이 좋습니다.

> 비타민(레모나, 쏠라씨 등), 초콜렛(abc, 동전, 트윅스, 자유시간, 크런키, 허쉬 등),
> 과자(하리보, 포테이토 크리스프 등)

학용품

상황에 따라서는 먹거리가 적절하지 않을 수도 있습니다. 그럴 때 줄 수 있는 것이 학용품입니다. 학용품은 값도 저렴하고 학교생활에 필요한 물건이기에 반응도 좋습니다. 학용품의 단계를 나누어 우수상을 줄 수도 있습니다. 여기서 중요한 것은 디자인입니다. 학생들이 좋아하는 캐릭터가 들어간 상품도 좋지만 '국립중앙박물관 뮤지엄샵' 사이트에 있는 우리나라만의 디자인이 들어간 상품도 좋습니다.

> 연필, 지우개, 화이트, 자, 형광펜, 색연필, 3색 볼펜, 포스트잇, 수첩, 공책, 종합장, 스케치북, 파일 등

기타

위의 두 가지로 대부분 해결이 되지만 특별한 행사의 경우에는 다양하게 상품을 준비해야 할 때가 있습니다. 그럴 때 참고할만한 상품을 적습니다. 아래 적힌 상품 중 대량으로 만들 수 있는 판촉물 사이트를 이용하면 학교 마크나 문구를 새길 수 있어 좋습니다.

> -일상생활 관련 상품(텀블러 또는 물통, 필통, 일정관리표(스케줄러), 칫솔, 손세정제 등)
> -계절 관련 상품(담요, 핫팩, 휴대용 선풍기, 작은 우산, 모기팔찌 등)
> -운동 관련 상품(요가매트, 폼롤러, 고무밴드, 줄넘기, 민보기 등)
> -전자 제품(보조배터리, 무선충전기, USB 등)
> -놀 거리(보드게임, 팝잇 등)

Q. 인수인계, 어떻게 하나요?

1년간 함께한 학생자치회, 임원들이나 자치회 학생들이 전면적으로 교체되면 담당교사는 다시 처음부터 시작하는 마음일 것입니다. 분명히 학생자치라고 했는데, 교사가 다시 알려주다 보면 담당교사로서는 힘이 빠지는 일일 수 있습니다. 학생자치인데, 교사의 업무처럼 느껴지기도 합니다. 이럴 때 학생들의 인수인계 행사를 진행해보는 것은 어떨

까요? 학생들에게 인수인계를 어떻게 하면 잘할 수 있을지 미리 회의 안건으로 만들어 회의를 해보는 것도 좋습니다. 이렇게 인수인계를 하려면 사전에 학생자치회 학생들에게 중간중간 행사를 진행하면서 진행 방법 등을 정리하게 해야 합니다. 돌아보기 회의를 중간에 넣어서 학생들이 어떠한 절차로 진행했는지, 진행상의 어려운 점은 없었는지 묻는 과정이 진행되어야 할 것입니다. 이러한 내용을 인수인계서로 작성한 뒤에 새롭게 선출된 학생자치회와 인수인계하는 시간을 마련합니다. 학생들 서로가 인수인계서를 바탕으로 묻고 답하는 과정에서 어느 정도 방법을 알게 되고, 완벽하지는 않겠지만 어느 정도 이해하게 되므로 다음에도 새로운 학생들과 담당교사가 함께 활동하기가 한결 편할 것입니다.

Q. 예산을 200만원 받았습니다. 어떻게 써야 할까요?

아무 계획이 없다면 많은 돈으로 보이겠지만, 일단 학교의 상황을 먼저 점검해보아야 합니다. 26쪽의 표를 살펴보고 점검해서 우리 학교의 학생자치회 활동을 하는 부분에 있어 부족한 부분을 찾아봅니다. 제일 우선되는 것은 기반조성입니다. 학생들이 회의나 행사, 캠페인 활동을 준비할 수 있는 공간이 잘 마련되었는지 확인해봅니다. 매직이나 다양한 크기의 종이 등 기초적인 물품이 구비되어 있어야 합니다. 그리고 한 해 동안 몇 개의 행사와 캠페인을 진행할지를 학생들과 논의하고 이를 바탕으로 예산을 나누어 잡아두면 됩니다.

학교의 규모에 따라 다르지만 보통 캠페인은 10만원 내외, 행사는 20~30만원 정도 소요됩니다. 학교에 게시판 등이 잘 마련되지 않은 경우에는 100만원 이상의 예산이 필요합니다. 큰 예산이 드는 것은 사전에 따로 준비해야 합니다. 앞에서도 소개한 이젤 스탠드는 개당 20만원 정도입니다. 학생들이 다양한 공간에서 이동하며 자치활동을 할 때 유용하므로 이젤패드와 함께 서너 개만 구입해도 예산이 많이 필요할 겁니다. 학생들 활동을 위한 간식비도 책정해두길 추천합니다. 학생들이 자신의 시간을 투자하는 것이기 때문에 편안하고 즐거운 분위기를 위한 간식 등을 제공한다면 원활한 학생자치회 활동이 이루어지는 데 많은 도움이 됩니다.

예산 사용 계획(예)

순	분류	세부 물품	횟수	소요 예산
1	간식비	과자, 음료 등	2회	25만원
2	문구류	전지, 도화지, 매직, 다이어리	2회	25만원
3	행사운영	행사 준비물	3회	60만원
4	리더십 캠프	캠프 운영비	2회	40만원
5	강사료	리더십 캠프 등 강사료	1회	25만원
6	물품구입	이젤 스탠드, 이젤 패드 등	1회	25만원
총액	200만원			

*상황에 따라 변경하여 운영

Q. 청인등록을 하라는데 어떻게 하는 건가요?

학교의 공인(공무용 도장)은 크게 청인과 직인으로 구분됩니다. 의결기관, 자문기관은 청인을 가지게 되어있고 기관장은 직인을 가지게 되어있습니다. 선거관리위원회에서 사용하는 도장은 청인이겠지요. 청인은

3.6cm의 정방형으로 제작하게 되어있으며 한글 전서체 가로로 새기고 '○○초등학교학생자치회선거관리위원회인' 정도로 문구를 새기면 될 것입니다. 공인을 등록하기 위하여 각 지역 시도교육감 소속기관 공인 조례(예: 경기도교육감 소속기관 공인 조례)별지에 있는 공인대장과 전자이미 지공인대장을 작성하여 내부결재 기안하면 됩니다. 통상적으로 공인은 관보게재를 해야 하는데, 학생자치회 청인의 경우 관보게재는 하지 않습니다. 전자이미지로 만들어 당선증, 선거 벽보 등에 인쇄하는 등 상황에 맞게 사용하면 됩니다.

Q. 학생자치회 활동을 몇 학년부터 하면 될까요?

학생자치회 활동에 참여하는 학생의 역량은 어느 한 순간에 불현듯 길러지지는 않습니다. 꾸준하게 보고, 듣고, 경험하는 것이 쌓일 때 자기 스스로 주인이 되어서 책임감 있게 학교생활을 할 수 있습니다. 이러한 관점에서는 특정한 학년부터 자치활동을 해야 한다기보다 누구나 할 수 있고, 해야 하는 것이라고 말할 수 있습니다.

학생자치회 활동은 학생으로 권리이며 의무입니다. 스스로를 다스리는 '자치'는 회의에 참여하는 것 뿐만 아니라 회의에서 어떠한 사항을 결정하기 전에 의견을 충분히 제안하는 것도 자치활동의 참여입니다. 그리고 회의 결과를 실천하는 것도 자치활동의 참여입니다. 즉, 학생자치회 활동은 1학년부터 하고 있다고 할 수 있습니다.

또한 요즘은 1학년 학생들에게도 학생자치회 대표를 뽑는 투표권을 주는 학교가 늘어나고 있습니다. 보다 적극적인 참여가 가능한 구조로 변화하고 있습니다.

만약, 적극적인 참여가 어렵다고 학생들과 교사들이 판단된다면 저학년의 경우는 참관 형태로도 이루어질 수 있습니다.

Q. 행사 때마다 기안을 올려야 하나요?

대부분의 학생자치 업무 담당자 선생님께서 학생자치회 활동 한해살이, 연간계획서를 작성하셔서 결재를 진행하는 것으로 알고 있습니다. 이때, 월 세부추진 계획 또는 회의, 행사, 이해교육 등 그 분야를 구분해 두고 그에 따른 예산을 잡아 두었다면 사실 행사 때마다 기안할 필요는 없습니다. 그 내부결재 공문의 대호를 근거로 품의서를 작성하면 됩니다.

그래도 자세한 내용에 대한 기안이 지원자(교감, 교장, 행정실 담당자)와 공유되어야 한다고 판단하면 학생들이 행사 때마다 손글씨로 적은 계획서 자체를 첨부파일로 품의서에 올리는 방법도 있습니다.

행사 때마다 기안하지 않으려면 학생자치회 활동 예산에 대한 이해도가 수반되어야 합니다. 학생자치회 활동 예산은 학생자치회가 학생자치회 활동 활성화를 위해 기획, 실행, 피드백까지 운영하는 데 쓰이는 돈이므로 그 활용 범위가 넓습니다.

또한 연간 계획에 예산 편성을 해두었으나 중간에 학생들이 주도적으로 운영하다보면 약간의 변경이 있을 수 있습니다. 학교 예산은 일정한 과정과 절차를 거쳐 확정되는 만큼 학생들도 전체 예산을 바꾸기에는 어려움이 있을 수 있다는 것을 이해할 수 있어야 합니다. 그러나 정해진 교육운영비에서 항목이 조금씩 변경되는 것은 충분히 가능하므로 학년초 예산 편성과정과 크게 상이하지 않다면 내역이 변동되어 품의될 수 있습니다.

Q. 학생자치회와 어떻게 헤어질까요?

자기 시간을 따로 내어 행사를 준비하고 진행하는 것은 임원으로서 당연하다 여길 수 있습니다. 봉사와 배려의 마음을 가지고 솔선수범해야 하는 자치회 임원이라면 당선된 만큼 이런 일을 책임지고 해야겠지요. 그럼에도 학기가 지나갈 즈음이 되면 애써준 학생들이 참 고맙습니다. 학기를 마치며 어떻게 학생자치회 학생들과 헤어질 수 있을까요?

먼저 한 학기를 마치며 소감을 적어 나눕니다. 한 학기 동안 여러 행사를 할수록 자치회 임원들은 끈끈해집니다. 그래서 마칠 때엔 이번 자치회에 하고 싶은 말, 다음 자치회에 하고 싶은 말 등을 자유로이 적도록 합니다. 이때 이미지프리즘을 활용해 '나에게 자치회란 무엇이다. 왜냐하면 ~이기 때문이다' 같이 비유를 쓰면 좋습니다. 이렇게 해서 남긴 글은 학교 게시판에 걸어두었다가 시간이 지나면 학생자치실 기록으로 남겨둡니다.

다음으로 선물을 줍니다. 선물을 늘 준비해서 다른 친구들 챙겨주었던 학생자치회였기에 여러 물건을 두어 고르도록 했습니다. 줄 수 있는 선물로는 연필, 지우개 등의 필기구부터 공책, 파일, 종합장, 물통, 우산, 색칠도구 등이 있습니다. 저는 주로 한 학기 마친 소감을 짧게 듣고 고학년부터 챙겨주는 편입니다. 아무래도 자치회를 이끌며 가장 주도적으로 했던 학년이 고학년이기 때문입니다. 받으면서는 크게 손뼉을 치며 격려합니다.

선물을 손에 쥐었으면 마지막으로 한 학기 동안 고생한 친구들과 사진을 찍습니다. 폴라로이드 카메라가 있다면 찍어서 바로 주고, 없다면 스마트폰으로 찍어서 인화해 줍니다. 이렇게 기록으로 정성껏 남겨주어야 학생들이 잊지 않고 다음에 또 하고 싶은 마음을 가질 수 있게 합니다.

이렇게 학생자치회와 만날 때는 리더십 캠프로, 헤어질 때는 이야기로 할 수 있습니다. 흔히 학생자치회를 하면 학급이 하나 더 생긴다고 하지요. 처음엔 그래서 많이 허덕입니다. 우리 학급도 챙겨야 하는데 학생자치회도 챙겨야 하기 때문이지요. 그런데 이 일은 참 신기하게도 계속할수록 여유가 생깁니다. 해마다 학생들이 바뀌는데도 행사를 돕는 선생님의 손길이 줄어듭니다. 학생자치실에 학생들이 남기고 간 자료들이 있어서 그런 것도 있지만 행사에 참여하며 전교생이 배우기 때문에 그렇기도 합니다. 학교에 자치 문화가 자리 잡기 때문이지요. 그래서 다른 일처럼 학생자치회도 첫해가 가장 어렵습니다. 처음 하는 행사가 가장 힘들고, 처음 하는 리더십 캠프가 가장 어렵습니다. 그 처음을 넘어서면 반드시 나아집니다. 나아질 뿐만 아니라 즐거움을 찾게 될 거예요. 학생자치회는 학생들과 어떤 것을 할지 함께 고민하는 멋진 일이라고 생각합니다. 다만 그렇게 되기까지 시간이 걸립니다. 그러니 너무 조급해하지 말고 하나씩 차근차근 해보세요. 그러다 보면 언젠가 선생님 학교만의 학생자치회가 꽃필 것이라 믿습니다.

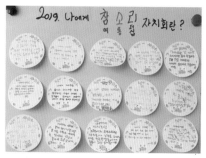

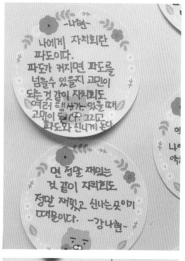

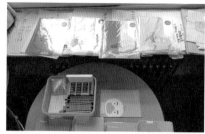

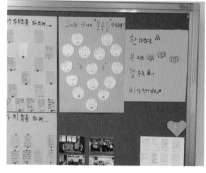

8장. 아? 아! 자주 묻는 질문과 응답

계속 만나고 싶어요

●●●●●●●●●
김영훈

글을 쓰면서 제가 처음 학생자치 업무를 하던 때를 떠올렸습니다. 학창시절에 임원을 해본 적도 없는데다가 갓 제대한 터라 아무것도 몰라서 어떻게 하나 우왕좌왕했거든요. 그랬던 제가 5년 동안 학생자치 업무를 하고, 이렇게 책으로 사례를 나누게 된 것은 전적으로 여러 선생님들의 도움 덕분입니다. 학생을 위해서라면 항상 지원해주신 김휘자 교장선생님, 학생자치를 처음부터 끝까지 하나하나 알려주신 차병옥 교감선생님, 자기 일처럼 항상 도와준 같은 학년군 선생님들이 안 계셨다면 오늘의 저는 없겠지요. 특히 당시 교감선생님은 학생자치 경험이 풍부한 분이라 정말 많은 도움을 받았습니다. 학생자치를 하다가 고민이 생기면 교감선생님께 가서 여쭙고, 교감선생님의 학생자치 사례를 들으며 다듬어나갔습니다. 그렇게 하나하나 옆에서 배우며 '아, 이렇게 하면 되겠다' 하고 나름대로 줄기를 세우게 되었지요. 그 후에 빛깔이 다른 영근 샘, 진원 샘, 민영 샘을 만나 지금까지 왔습니다. 돌아보면 참

큰 행운이었습니다. 제게 다른 선생님의 학생자치 경험이 큰 도움이 되었던 것처럼, 우리의 학생자치 사례도 누군가에게 도움이 되기를 바랍니다.

김진원

2017년, 우연히 맡게 되어 시작한 학생자치 업무. 시작할 때만 해도 이렇게 책을 쓰는 경험을 하게 될 줄은 상상하지 못했습니다. 사람이 사람을 만나서 관계를 맺는다는 건 참 굉장한 일인 것 같습니다.

학생이 주도하는 문화를 만들기 위해 제일 우선했던 것 역시 관계 형성을 위한 노력이었습니다. 학급을 처음 맡은 선생님이라면 누구나 하는 것처럼 자치회 학생들과 우선 친해지고 소통하는 관계를 만들고자 했습니다. 첫 만남을 놀이로 시작하고 맛있는 간식을 최대한 제공하는 등 자치회가 편안한 시간이 되도록 도왔습니다. 학생이 꿈꾸는 학교의 모습을 같이 상상하고 그들이 목소리를 내게 돕고, 조금씩 의사 결정의 권한을 높여주려 했습니다. 처음부터 모든 걸 다 해줄 수는 없지요. 학생들의 수준과 역량을 살펴보고 거기에 맞게 몇 가지 선택지를 주거나, 학교의 방침 안에서 시도해볼 수 있는 것을 조금씩 시작해야 합니다. 학생들과 함께, 학교의 상황에 맞게, 즐겁게 시작해보세요. 도움이 필요할 때는 언제든 연락하십시오. 연대하겠습니다.

에필로그

송민영

'학생자치'라는 연결고리로 온라인에서만 이야기하다가 자료 검토를 위해 넷이 처음 만났던 그날을 생생하게 기억합니다. 각자 지역과 학교는 달랐지만 아이들과 자치활동을 엮어가면서 느끼는 행복을 깊이 공감하고 있다는 걸 서로의 미소를 보면서 느꼈습니다. 그날 저녁, 늦게까지 이야기를 나누고 기차역이 내려다보이는 산에 올라 야경을 바라보았습니다. 작은 불빛, 큰 불빛들이 어울려져 눈에 가득 들어왔습니다. 그 불빛들을 눈에 담은 채 어둠이 깔린 도로 위의 다리를 건너는데, 다리 곳곳에 켜진 작은 불빛 아래 이런 시가 걸려 있었습니다.

> 머금지 않고, 감추지도 않고, 그대로 되비치는, 더 크고 밝게 빛나는,
> 자신은 모를지라도 보는 이들에겐 금강석 같은, 사람들 속에도 그
> 런 이가 있다.
>
> — 윤월로, 〈별이 보이네〉

전국 각지에서 학생자치를 실현하기 위해 애쓰시는 선생님들이 반짝반짝 빛나고 있다는 걸 이 책을 쓰면서 깨달았습니다. '초등자치' 밴드에 함께해주시는 선생님들의 자료가 이 책의 빈 틈을 채워주었습니다. 서로 고민을 털어놓으면서 힘이 되었습니다. 돕는 사람, 도움을 받는 사람이 따로 있는 것이 아니라 서로가 함께 빛나는 순간들을 경험했습니다. 이 책을 통해 그 곳에서, 그 지점에서 빛나는 별로 아이들과 함께 행

복했으면 합니다.

이영근

우리 네 사람은 '초등자치' 밴드 운영진이지만 사실 서로를 잘 몰랐어요. 밴드 운영진으로 인사 나누는 글을 주고받고, 학생자치 업무 담당자를 어떻게 도울지 회의한다고 컴퓨터로 얼굴 본 게 다예요. 책을 쓰기로 하면서 주마다 편집회의로 만났어요. 컴퓨터지만 얼굴을 보며 이야기 나누니 조금씩 가까워지네요. 그러다가 직접 만났어요. 다 쓴 글을 보기 위해 대전에서 모였어요. 자기가 쓴 원고를 바리바리 싸 들고 만나 함께 글을 정성껏 살폈어요. 글을 다 보고서 갖는 밥 자리에서부터는 웃음이 끊이지 않았어요. 예약한 기차를 미루면서까지 먹고 마시며 즐거운 시간을 보냈어요. 글로 주고받는 것, 컴퓨터 화면에서 얼굴 보는 것과는 견줄 수 없어요. 분위기가 무르익으며 속내를 드러내는데, 한결같이 참 좋은 사람들이에요. 학생자치에 푹 빠져 산다는 말이 어울리는 선생님들이에요. 학생들을 사랑하고, 제 삶을 잘 가꾸는 분들이에요. 그때 만나고 헤어질 때도, 한 달이 더 지난 오늘도 영훈 샘, 진원 샘, 민영 샘을 오래오래 만나고 싶다는 생각이 들어요. 함께 공부하고 즐기며 계속 만나고 싶어요. 한 사람도 '싫은데요', 하지 않길 바라요.

에필로그

학교 자치,
학교 민주주의 실현을 위한 첫걸음

1학점 / 15시간

참여 강사

박일관 군산교육지원청 교육장
주중일 전주 풍남초등학교 교감
소미라 전주 완산초등학교 교사
박은경 경기 보평중학교 교사

문지연 서울 도선고등학교 교사
홍기석 용인교육지원청 교육장
강구 광주 산정중학교 교사
이원기 세종 수왕초등학교 교사

복준수 충남 송남초등학교 교사
윤주봉 강원 치악고등학교 교사
이영근 경기 둔대초등학교 교사
홍인재 전주 금암초등학교 교감

과정 소개

학교 자치, 학교 민주주의를 개념과 실천을 한 개인(교사)이 경험하는 다양한 학교생활에서 솔직한 사례로 풀어내고 있습니다. 민주주의 실천을 이루는 단단한 철학적 토대를 제안함은 물론 각 영역별로 토의를 통해 숙의하는 방식으로 연수를 구성하였습니다. 전문적 교원학습공동체의 심화 토의과정(오프라인 구성 별도)을 전제로 개발된 온오프라인 결합 교원 연수과정입니다.

학습 목표

- 학교 자치, 학교 민주주의의 의미와 필요성에 공감한다.
- 학교 자치, 학교 민주주의의 구체적인 실현 사례를 공유한다.
- 학교 민주주의 실현을 위한 교육 주체의 역할과 실천 방안을 제안한다.
- 학교 자치, 학교 민주주의의 의미와 실천을 구체적 사례를 통해 총체적으로 이해할 수 있다.

학습 차례

01. 왜 학교 민주주의인가: 학교 성찰로 출발
02. 학교 민주주의, 민주시민 교육의 2가지 토대
03. 교육과정의 생산자로 참여하라! [전주 완산초]
04. 학생의 '임파워먼트'를 세워라! [경기 보평중]
05. 학교의 가치를 담은 통합적 교육과정 [서울 삼각산고]
06. [토크] 교육과정-수업-평가에서 학교 자치, 학교 민주주의 이야기
07. 민주적 의사결정과 학교문화 [보평중/용인교육지원청]
08. 생활교육에서 학교 민주주의 실천 [강원 치악고]

09. 민주적 학교문화를 위한 문제해결 과정 [광주 산정중]
10. 학생들이 만들어가는 행복한 학생자치 [경기 군포 양정초]
11. [토크] 민주적 학교문화, 학교공동체 이야기
12. 3주체 학력관을 통한 민주적 학교운영시스템 [세종 수왕초]
13. 학교 민주주의를 마을로 잇다 [충남 송남초]
14. 단 한 명의 아이도 포기하지 않는 교육 [전주 금암초]
15. [토크] 학교를 넘어 민주 사회로 나아가기

초등 | 1학점 / 15시간

교실생존비법:
블렌디드 수업 노하우 대방출
강사: 미래교실네트워크 김준형 외 11명

중등 | 1학점 / 15시간

교실생존비법:
블렌디드 수업 노하우 대방출
강사: 미래교실네트워크 김준형 외 13명

과정 소개

본 연수는 코로나 상황에도 성공적으로 수업을 이루어나가며 오히려 시대에 적합한 교육 혁신 성과를 만들어내고 있는 교사들의 생생한 실전 경험을 담았습니다. 특히 소개되는 교수 학습 방법은 단지 온라인 수업을 위한 도구 활용 수준에 머무는 것이 아니라, 온라인상의 ICT 도구를 최적의 방식으로 활용해 그간의 교실 수업과는 다른 차원의 학생 참여와 협력 학습을 이끌어내고 있습니다. 또한 다양한 수업 방법들은 오프라인 교실 수업과 연계되어 수업 효과를 극대화시키는 방향으로 이어집니다. 온라인 환경과 오프라인 환경이 유기적으로 연결되어 교육 효과를 끌어올리는 교육, 바로 블렌디드 수업입니다.

새로운 디지털 공동체를 위한
디지털 미디어 리터러시

강사: 금준경

1학점 / 15시간

과정 소개

가정과 학교에서 TV, OTT, SNS, 등 디지털 미디어 이용이 크게 증가하면서, 디지털 시민성의 필요성이 대두되고 있습니다. 특히 연일 가짜뉴스, 혐오표현, 사이버불링, 기만적 광고와 같은 문제적 정보를 일상에서 마주하는 현실은 개인의 고립과 공동체 해체를 가속화하며 취약계층의 사회적 불평등을 심화시키는 등 여러 가지 사회 문제를 야기하고 있습니다. 이에 디지털 미디어 현장전문가인 미디어오늘과 함께 디지털 미디어 리터러시의 개념, 디지털 세대의 특징, 문제적 정보의 유형, 알고리즘의 양면성, 제작 윤리와 인권, 나아가 '디지털 시민성'을 확립하기 위한 구체적인 방안을 제시했습니다. 미디어의 의도를 이해하고 작동 방식을 탐구하고, 실체적 진실을 좇으면서 미디어의 역기능에 대응하는 것은 디지털 사회를 살아가는 아동·청소년을 비롯한 교사에게 무엇보다 필요한 일입니다. 가장 시급한 주제인 허위정보를 판별할 수 있는 '팩트체크'와 알고리즘 이해, '미디어를 비판적으로 수용' 등 미디어 정보 판별 역량 강화와 사이버 폭력, 혐오표현 등에서 벗어나 디지털 공간에서 배려하고 참여하는 디지털 시민성에 대해 집중 탐색했습니다.